EERSTE SPREEKWOORDENBOEK VOOR KINDEREN

EERSTE SPREEKWOORDENBOEK voor kinderen

Tekst: Son Tyberg

Deltas

Deze uitgave door: Deltas, België-Nederland.
Idee & grafisch en inhoudelijk concept: ZNU
Tekst: Son Tyberg
Illustraties: Ellen Cornelis
D-MMII-0001-431
Gedrukt in de EU
NUR 222
NUGI 215

Voorwoord

Onze taal is erg rijk aan spreekwoorden, zegswijzen en uitdrukkingen. De meeste zijn al heel oud, maar toch blijven we ze gebruiken. Ook al weten veel mensen niet meer hoe ze ontstaan zijn of wat ze oorspronkelijk betekenden. En dat is eigenlijk jammer. Want uit de geschiedenis van de meeste spreekwoorden, zegswijzen en uitdrukkingen kom je heel wat te weten over hoe de mensen vroeger leefden, wat ze dachten, waarin ze geloofden, wat ze leerden van de natuur...

Inhoud

Dieren

Het hazenpad kiezen
Op de vlucht slaan

De haas is een schuw dier. Hij leeft op akkers en graslanden, waar maar weinig schuilplaatsen zijn. Maar de haas kan heel snel lopen. Als hij onraad ruikt of hoort, gaat hij er met een snelheid van zo'n 55 km per uur vandoor. Hij volgt de paadjes van platgelopen gras die hij tijdens zijn strooptochten zelf gemaakt heeft: de hazenpaadjes. Zie je iemand die op de vlucht slaat, dan kun je dus zeggen dat hij het hazenpad kiest.

Zo glad als een aal
Ongrijpbaar

De aal of paling is een vis met een slangachtig lichaam. Net zoals een slang op het land beweegt hij zich al kronkelend door het water. Zijn huid is zo slijmerig en hij kronkelt zo hevig, dat je hem nauwelijks beet kunt pakken. Denk je dat je hem stevig vast hebt, dan glipt hij door je vingers heen. Hij is ongrijpbaar. Als een inbreker uit de handen van de politie kan blijven, kun je zeggen dat hij zo glad is als een aal.

Hij is een ongeluksvogel
Hij heeft altijd tegenslag

Als de Romeinen wilden weten wat de toekomst hun zou brengen, dan

gingen ze te rade bij de auguren. Dat waren waarzeggers die aan de hand van allerlei tekenen in de natuur de toekomst voorspelden.
Ze luisterden en keken naar de donder en de bliksem. Ze bestudeerden de bewegingen van viervoeters en reptielen. Ze luisterden naar de zang van de vogels en keken ook naar hun vlucht. Daarvoor gingen ze met hun gezicht naar het zuiden staan. De vogels die uit het oosten kwamen, waren volgens hen ongeluksvogels. Zij brachten ongeluk.
Toen men het woord ongeluksvogel ook voor mensen ging gebruiken, veranderde de betekenis een beetje. Een ongeluksvogel is niet iemand die ongeluk brengt, maar iemand die zelf ongelukkig is, die altijd tegenslag heeft. Een pechvogel dus!

Hij is een haantje-de-voorste

Hij is er altijd als eerste bij

In de wereld van de kippen is de haan de grote baas. Als er graan wordt gestrooid of als een regenworm zijn kop boven de grond uitsteekt, is hij er doorgaans als eerste bij. De haan eist dus de lekkerste hapjes op, maar in ruil daarvoor beschermt hij zijn kippen tegen alle mogelijke vijanden. Als de haan niet wil dat je op zijn terrein komt, dan zal hij je dat laten weten door wild met zijn vleugels te slaan en naar je benen te pikken.

Zich ontpoppen als...

Zich ontwikkelen tot...

Misschien ben jij iemand die graag tekent of schildert. Dan bestaat de kans dat je je later ontpopt als een schilder. Net zoals een rups zich ontpopt als een vlinder.

Uit de eitjes van een vlinder komen piepkleine larven. Die worden rupsen genoemd. Na een tijdje verpoppen de rupsen zich. Hun huid wordt hard en vormt een stevig omhulsel, de pop. Daarin verandert de rups heel geleidelijk in een vlinder. Zodra die zich helemaal ontwikkeld heeft, barst de pop open en komt de vlinder tevoorschijn. Hij heeft zich dan ontpopt.

Een ezel stoot zich geen tweemaal aan dezelfde steen

Alleen iemand die dommer is dan een ezel maakt twee keer dezelfde fout

In Afrika wordt de ezel vaak gebruikt als lastdier. Hij legt met zijn last lange afstanden af, zelfs over smalle, steile bergpaadjes die vol stenen liggen. Maar vindt de ezel een paadje te gevaarlijk, dan blijft hij stokstijf staan. Dan mag je nog zo hard aan de teugel rukken, hij zal geen poot meer verzetten. Dat is niet uit koppigheid of domheid. De ezel wil gewoon geen onnodige risico's nemen. En dat kun je eerder slim noemen!

De aap komt uit de mouw

De waarheid komt onverwacht aan het licht

In het circus treden ook vaak goochelaars op. Heb je wel eens gemerkt dat ze bijna altijd heel wijde mouwen hebben? Vaak zitten die mouwen vol met allerlei attributen die ze nodig hebben voor de trucs die ze tijdens de voorstelling zullen opvoeren.
Vroeger, toen goochelaars nog rondtrokken, hadden ze meestal aapjes bij zich die ze uit die mouwen 'toverden'. De toeschouwers waren dan natuurlijk heel verrast.

Zij is een domme gans
Zij is een dom meisje

Waarom de mensen de gans dom vinden, is moeilijk te zeggen. Ganzen behoren juist tot de slimste, voorzichtigste en waakzaamste vogels. Hun gehoor, gezichtsvermogen en reuk zijn scherper dan die van de mens. Dat wisten de Romeinen ook. Zij hielden ganzen zoals wij waakhonden houden. En dat ze hun werk goed deden, bewezen de ganzen die de wacht hielden op het Capitool, de beroemdste van de zeven heuvels van Rome. Toen in 390 voor Christus de Galliërs Rome binnenvielen, alarmeerde hun gekwaak de Romeinen, zodat de aanval mislukte.

Hij is zo blind als een mol
Hij kan helemaal niets zien

De mol brengt zijn hele leven onder de grond door. Hij graaft lange pijpen, waarin hij op zoek gaat naar regenwormen en andere kleine diertjes. In die ondergrondse pijpen is het natuurlijk erg donker. Daarom is een goede neus er veel belangrijker dan goede ogen. Toch is de mol niet echt blind. Hij heeft piepkleine oogjes, die verborgen zitten in zijn vacht. Die oogjes zijn te klein om insecten en andere diertjes te kunnen herkennen, maar hij ziet wel het verschil tussen licht en donker.

Zij is geen katje om zonder handschoenen aan te pakken
Zij is een meisje dat zich, net zoals een kat, goed kan verdedigen

De kat heeft twee geduchte wapens: haar scherpe tanden en haar al even scherpe klauwen.

Meestal houdt de kat haar klauwen ingetrokken. Zo worden ze minder vlug bot en kan ze ook veel beter haar prooi besluipen. Maar als je de kat lastigvalt, steekt ze haar klauwen uit. Dan doe je maar beter handschoenen aan als je niet gekrabd wilt worden.

Op zijn pootjes terechtkomen

In orde komen, goed aflopen

Bij deze uitdrukking denk je natuurlijk meteen aan een kat. En terecht. Als een kat van een hoge muur of uit een boom valt, zal ze zich namelijk in de lucht draaien zodat ze steeds veilig op haar poten terechtkomt. Hierdoor kunnen katten zelfs een val van een aanzienlijke hoogte overleven.
Als mensen zeggen dat alles wel op zijn pootjes zal terechtkomen, dan bedoelen ze dus dat uiteindelijk alles wel goed zal aflopen.

Een hazenslaapje doen

Onvast, kort of half wakend slapen

De haas leeft in het open veld. Daar vindt hij tussen het gras maar weinig beschutting, zodat hij altijd op zijn hoede moet zijn voor mogelijke vijanden. 's Nachts gaat hij op pad, maar overdag blijft hij in zijn leger. Dat is niet meer dan een holte in hoog gras of planten. Daarin houdt hij zich heel stil, maar zijn zintuigen staan altijd op scherp. Dat zie je aan het voortdurend trillen van zijn neusgaten en snorharen. Van een echte slaap kun je dus bij de haas niet spreken. Bij het minste onraad is hij klaarwakker.
Als iemand dus maar even of niet vast slaapt, dan zegt men dat die persoon een hazenslaapje doet.

Er schuilt een adder onder het gras

Het ziet er onschuldig uit, maar er schuilt gevaar onder!

De adder is de enige giftige slang die je in ons land op je wandelingen kunt tegenkomen. Maar ze is erg schuw. Vaak houdt ze zich schuil tussen het gras. Ze loert er op muizen, hagedissen, kikkers en insecten. De adder is gevaarlijk, maar ze zal zelden bijten. Zodra ze een mens ziet naderen, slaat ze op de vlucht. Bijten doet ze alleen als ze niet meer weg kan.

Hij heeft zijn schaapjes op het droge

Hij heeft lange tijd goed verdiend en kan, nu hij een beetje ouder is, rijk leven

Als er een overstroming dreigt, brengt de herder zijn schapen zo snel mogelijk naar hogergelegen weiden waar het water zeker niet kan komen. Zijn schapen staan dan op het droge, ze zijn veilig, zodat ze niet kunnen verdrinken.

Zo bang als een wezel

Heel bang

De wezel is het kleinste roofdier van Europa. Hij jaagt vooral op muizen, maar ook ratten, konijnen en vogels doodt hij met een beet in de nek. De wezel is zowel overdag als 's nachts op pad, maar toch krijg je hem zelden te zien. Dat komt omdat hij erg schuw is. Zodra hij onraad ruikt, gaat hij er als een pijl uit een boog vandoor. De mensen zeggen dan dat de wezel bang is, maar dat is niet waar. De wezel is alleen maar voorzichtig. Hij heeft veel vijanden, zoals mensen, katten, vossen, uilen en andere roofdieren. Die zijn allemaal te groot om het tegen hem op te nemen. Dus doet de wezel het enige slimme: hij vlucht.

Iemand onder zijn vleugels nemen

Iemand onder zijn hoede nemen, iemand beschermen

Als een vogeljong bang is, zoekt het bescherming onder moeders vleugels. Die vormen een heel goede schuilplaats: het is er lekker warm en vooral heel veilig. De moeder zal haar jongen immers zo goed mogelijk verdedigen tegen rovers.
Ook als jij iemand onder je vleugels neemt, zul je hem of haar proberen te beschermen tegen mogelijke gevaren.

Iemand een pluimpje geven

Iemand een complimentje maken

Vogels hebben vaak prachtige veren in felle kleuren. Indianen gebruikten die veren voor hun hoofdtooi. Vooral adelaarsveren waren erg in trek. Ze waren een teken van waardigheid. Ook bij ons staken de mensen veren in hun hoed. Niet als teken van waardigheid, maar omdat ze het mooi vonden.
Door iemand een pluim te geven, maak je hem of haar dus mooier.

Wie met honden omgaat, krijgt vlooien

Wie met slechte mensen omgaat, wordt zelf ook slecht

Honden hebben vaak last van vlooien. Dat zijn heel kleine insecten. Ze leven in de vacht van dieren. Hun lichaam is heel dun, zodat ze goed tussen de haren kunnen lopen. Vlooien zijn lastige diertjes. Ze bijten de hond om bloed te kunnen zuigen. Dat doet pijn, zodat de hond zich voortdurend krabt. Als jij dan in de buurt staat, kunnen die vlooien op je overspringen. En dan word jij door diertjes geplaagd!

Kattenkwaad uithalen

Ondeugend zijn

Katten zijn vaak heel ondeugend. Vooral de jonge katjes. Ze klauteren in gordijnen, scherpen hun klauwen aan de stoelen, lopen vazen omver, stelen stukken vlees uit de keuken... Kortom: ze halen heel wat kattenkwaad uit!
Dat spel van jonge katten is natuurlijk niet bedoeld om hun baasjes te ergeren. Al spelend oefent een jonge kat haar spieren en leert ze allerlei jachttechnieken, zoals rennen, sluipen, bespringen, bijten... Vaak brengt moeder kat voor haar jongen een nog levende muis mee waarop ze kunnen oefenen. Maar ook een balletje, een vlinder of een dwarrelend blad is in de ogen van jonge katjes een oefenprooi!
Als jij iets doet wat niet mag, haal je net zoals een jong katje kattenkwaad uit.

Zo gezond als een vis

Heel gezond

Iemand die heel gezond is, wordt soms vergeleken met een vis. Nu kan een vis heel gezond zijn, maar er zijn ook vissen die ziek zijn.
De laatste jaren hebben vissen er trouwens moeite mee om 'zo gezond als een vis' te blijven. Zowel het zeewater als het rivierwater is op veel plaatsen erg vervuild. Soms is het water zelfs zo giftig, dat de vissen een

langzame dood sterven. Misschien kunnen we deze uitdrukking maar beter uit het woordenboek schrappen...

Als proefkonijn dienen

Dienen voor een of ander experiment

Nieuwe geneesmiddelen worden heel vaak uitgetest op dieren zoals konijnen, ratten, muizen, apen... Als de dieren op deze geneesmiddelen slecht reageren – als ze nog zieker worden of zelfs doodgaan – zal de fabrikant niet de toestemming krijgen om ze in de apotheek te verkopen. Ook schoonheidsmiddelen worden vaak eerst op dieren uitgetest.

Eten als een wolf

Heel veel of gulzig eten

De wolf heeft een enorme eetlust. Hij kan in één maaltijd meer dan 10 kilo vlees eten. Maar daarna kan hij dagenlang zonder voedsel.
De wolf doodt vooral groot wild, zoals rendieren en herten. Maar als die niet te vinden zijn, stelt hij zich ook tevreden met kleine dieren zoals muizen, konijnen en eekhoorns.
Begrijp je nu ook waar de uitdrukking 'honger hebben als een wolf' vandaan komt?

Leven als kat en hond

Vaak ruzie maken

Een kat en een hond die in hetzelfde huis opgroeien, zijn soms dikke vrienden. Maar over het algemeen kunnen kat en hond elkaar niet luchten. Zodra ze elkaar ontmoeten, begint de hond te blaffen en de kat te blazen. Als de kat dan ook nog eens een hoge rug opzet, is voor de hond de maat vol en vliegt hij op haar af.

Je moet een gegeven paard niet in de bek kijken

Als je een geschenk krijgt, moet je het niet al te kritisch bekijken

Paarden zijn duur. Als je een paard cadeau krijgt, mag je het gerust aannemen zonder kritisch te zijn. Maar als je voor het paard moet betalen, kijk je beter eerst in zijn bek. Want aan de tanden kun je zien hoe oud het dier is. En je wilt toch zeker geen oud en versleten paard kopen!
Je moet weten dat een paard net zoals de mens van tanden wisselt. In zijn eerste levensjaar krijgt het veulentanden (melktanden). Die zijn wit, vrij klein en naar onderen toe smaller. Wanneer het paard tweeënhalf jaar oud is, beginnen de veulentanden uit te vallen en breken de eerste paardentanden door. Die zijn groter dan de melktanden en bruingeel van kleur. Op zijn vijfde jaar heeft het paard al zijn blijvende tanden: 40 in totaal.

Hij is naar de haaien

Hij is verloren, hij is dood

Deze uitdrukking hebben we te danken aan zeelui. Wanneer er op hun schip iemand overboord viel, zeiden ze dat hij naar de haaien was. En daarmee bedoelden ze dat hij niet meer te redden was, dat de haaien hem in de kortste keren zouden doden.
Haaien kunnen inderdaad gevaarlijk zijn. Het zijn geduchte jagers. Vele hebben een bek vol vlijmscherpe tanden. Zelfs mensen zijn niet veilig voor deze rovers.

Blaffende honden bijten niet

Van wie veel dreigt, heb je vaak het minst te vrezen

Alle dieren hebben een taal om met elkaar te praten. Natuurlijk is het geen taal met woorden. Dieren praten met geluiden, geuren, bewegingen, grimassen...

De taal van dieren is voor mensen soms moeilijk te begrijpen. Maar de hond kennen we vrij goed, omdat hij al heel lang een huisdier is. Daarom weten we dat als een hond blaft, hij meestal niet zal bijten. Zijn geblaf is een waarschuwing: 'Opgepast, hier waak ik.' Of soms een vraag: 'Krijg ik je aandacht?'

Het zwarte schaap zijn

De zondebok zijn, iemand die altijd van alles de schuld krijgt

De meeste schapen hebben een witte of bruingele vacht. Maar soms lopen er in een kudde ook enkele zwarte of donkerbruine schapen. Niet alle schapenfokkers hebben dat graag. Schapen met een zwarte vacht leveren zwarte wol, en die kun je natuurlijk niet zo goed rood, geel of blauw verven. Daarom hebben zij liever geen zwarte schapen in hun witte kudde.

Huilen met de wolven in het bos

Meedoen met de anderen, of doen alsof je het eens bent met anderen

Wolven leven meestal in familiegroepen, roedels genaamd. De wolven doen alles samen. Ze jagen samen en brengen ook samen de welpjes groot. Geregeld kun je ze ook samen horen huilen. Zo laten ze andere roedels horen waar ze zijn. Het gehuil is dan een waarschuwing: 'Blijf uit onze buurt!' Soms huilen ze zonder reden. Waarschijnlijk doen ze het gewoon om de familiebanden te versterken, om te laten horen dat ze tot dezelfde groep behoren.

In zijn schulp kruipen

Zich terugtrekken

'Schulp' is een oud woord voor 'schelp'. Zo'n schelp is handig om je in terug te trekken. Denk maar aan de huisjesslak, die haar schelp met zich meedraagt, als een huisje. De slak kan zich in haar huisje terugtrekken. Dat doet ze bijvoorbeeld als de zon schijnt, want door de warmte zou het weke lichaam van de slak kunnen opdrogen. Ook als ze bedreigd wordt, kruipt de slak in haar schelp. Daar zit ze veilig.
Mensen hebben geen echte schelp om zich in terug te trekken. Maar we kunnen wel een beetje apart gaan zitten en zwijgen. Dat is onze manier om in een 'schulp' te kruipen.

Zo trots als een pauw

Heel trots

Als het pauwenmannetje met zijn prachtige staartveren pronkt, doet hij dat niet omdat hij er zo trots op is. Met zijn grote groene waaierstaart vol blauwe 'ogen' wil hij alleen maar indruk maken op een vrouwtje. Met opgezette staart danst het mannetje rondjes voor de hennen, die er veel minder indrukwekkend uitzien. Van tijd tot tijd laat hij zijn staart trillen en ritselt hij met zijn slagpennen. Maar vaak kijken de hennen niet eens naar hem op. Zij hebben veel meer belangstelling voor insecten dan voor het dansende mannetje!

In het hol van de leeuw zijn

Zich op de gevaarlijkste plek bevinden

Leeuwen zullen zelden mensen aanvallen. Behalve als die zich dicht bij het hol wagen waar de moeder waakt over de jonge welpjes. Dat hol kan een rotshol zijn, maar ook een dicht bosje of een plekje tussen het hoge gras. De jongen die daar ter wereld komen, wegen nog geen 2 kg en zijn totaal hulpeloos. Pas na 10 tot 15 dagen gaan hun oogjes open. Na 3 weken verschijnen hun eerste melktanden.
Als ze 6 weken oud zijn, beginnen de welpjes het hol te verlaten. Maar de moeder blijft in de buurt en is erg waakzaam. Elk dier of elke mens die te dicht bij haar jongen komt, wordt verjaagd of gedood.

Je moet geen slapende honden wakker maken

Vestig de aandacht niet op iets waarvan je onaangename gevolgen kunt verwachten

De hond is een roofdier. Net zoals de wolf, waarvan hij een neefje is, kan de hond gevaarlijk zijn. Als hij zich bedreigd voelt, zal hij proberen zich te verdedigen. Soms, als hij slecht is opgevoed, doet hij dat door te bijten. Mag je dan een slapende hond nooit wakker maken? Natuurlijk wel, maar alleen als je die hond kent. Als je weet dat hij een lief dier is dat gehoorzaamt aan zijn baasje.

Hij is poedelnaakt

Hij is helemaal naakt

De poedel is een echte tentoonstellingshond. Net zoals alle andere honden heeft hij een warme vacht, maar die wordt bij de poedel vaak ge-

schoren. Vroeger gebeurde dat omdat de poedel werd gebruikt bij de jacht op watervogels. Om minder last te hebben van een natte vacht, werd de vacht afgeschoren.
Ook nu nog worden poedels geschoren. Niet alleen voor tentoonstellingen, maar ook omdat de hond zich dan beter voelt.

Zo stom als een vis

Erg zwijgzaam

Vroeger dachten de mensen dat de onderwaterwereld een heel stille wereld was. Vissen waren voor hen dieren die geen geluiden voortbrachten. Maar ze hadden ongelijk. Dankzij speciale onderwatermicrofoons hebben biologen ontdekt dat ook vissen geluiden maken. Sommige grommen, andere snorren, nog andere knarsen en trommelen. Vooral in de paringstijd zijn er heel wat visgeluiden te horen.
De uitdrukking 'zo stom als een vis' klopt dus niet echt. Maar natuurlijk maken vissen nog altijd minder lawaai dan bijvoorbeeld een hond!

Je moet de huid van de beer niet verkopen voordat hij geschoten is

Je moet geen geld uitgeven dat je nog niet in je bezit hebt

Vroeger werd er veel op beren gejaagd. Het was de jagers vooral te doen om de vacht van de beer. Die was niet alleen erg mooi, maar ook dik en warm. Van die vacht werden warme winterjassen gemaakt.
Maar natuurlijk kon een jager de huid van de beer niet verkopen voordat hij hem ook echt gedood had. En dat was zeker niet gemakkelijk. Beren zien er dan wel lief uit, maar ze zijn vreselijk sterk. Met hun voorpoten kunnen ze een volwassen persoon gewoon doodknijpen.

Zich voelen als een vis op het droge

Zich slecht voelen, niet op zijn gemak

Vissen zijn waterdieren. Als je een vis uit het water haalt, dan stikt hij. Dat klinkt misschien vreemd, maar vissen kunnen geen lucht ademen. Ze hebben geen longen om uit de lucht de zuurstof te halen die ze nodig hebben om te overleven. Die zuurstof halen ze met hun kieuwen uit het water. Een vis op het droge voelt zich dus heel slecht. Erger nog: hij gaat dood.

Iemand kortwieken

Iemands macht of vrijheid beperken

Vogels kunnen alleen maar vliegen als hun twee vleugels prima samenwerken. Maar soms willen de mensen niet dat een vogel vliegt. Een kip bijvoorbeeld mag niet over de omheining vliegen om elders haar eieren te gaan leggen. Daarom worden kippen gekortwiekt. Dat wil zeggen dat men van een van de vleugels een stuk afsnijdt, zodat de kip niet meer kan vliegen. Ze heeft dus een stukje van haar vrijheid verloren.
Ook als je je haar hebt laten knippen, zegt men soms lachend dat je gekortwiekt bent. Maar wees gerust: je bent met dat gekortwiekte haar geen stukje van je vrijheid kwijt!

Het venijn zit in de staart

In het begin lijkt alles normaal, maar aan het einde komt er toch nog iets onaangenaams

Wie deze uitdrukking heeft bedacht, heeft zeker naar een schorpioen gekeken. Bij dit diertje zit het venijn of het gif letterlijk in de staart.

Schorpioenen zijn een halve cm tot 20 cm groot. Ze hebben vijf paar poten, waarvan het voorste paar sterke scharen draagt. Daarmee kunnen ze hun prooi aan stukken rijten. Maar nog gevaarlijker is de gifstekel aan het einde van hun staart. Als de schorpioen daarmee steekt, spuit het dodelijke gif in de prooi.

De kat uit de boom kijken

Een afwachtende houding aannemen

De kat kan heel goed klimmen, zelfs in heel hoge bomen. Met haar scherpe klauwen haakt ze zich gemakkelijk in de schors van de boomstam vast.
De hond is niet zo'n beste klimmer, en dat weet de kat heel goed. Als ze door een hond achterna wordt gezeten en er is een boom in de buurt, zal ze er beslist inklimmen. En dan kan de hond niets anders doen dan onder de boom naar de kat blijven kijken. Hij kijkt dan de kat uit de boom.

Zo lenig als een slang

Buitengewoon lenig

Een slang heeft geen poten. Ze beweegt zich al kronkelend voort. Haar lichaam en staart zijn zeer dun. Dit lange lichaam wordt gesteund door een zeer beweeglijke ruggengraat.
Sommige slangen hebben meer dan vierhonderd wervels in hun ruggengraat. Hierdoor kunnen ze hun lijf in alle mogelijke bochten wringen. Soms zie je zelfs slangen die zichzelf in een knoop hebben gelegd! Als jij je in allerlei bochten kunt wringen, ben je dus zo lenig als een slang.

Een vos verliest wel zijn haren, maar niet zijn streken

Het karakter van een mens verandert meestal niet bij het ouder worden

Zoals alle dieren met een vacht, verliest de vos regelmatig zijn haren. Dat zie je het duidelijkst als zijn dikke wintervacht geruild wordt tegen een dunnere zomervacht. De oude haren vallen dan met plukken uit.
Zijn streken verliest hij echter niet. Integendeel, oude vossen zijn nog veel sluwer dan jonge vosjes!

Met de kippen op stok gaan

Vroeg gaan slapen

Kippen zijn geen nachtdieren. Zodra de zon ondergaat, gaan ze het hok in en zoeken hun zitstok op. Pas als de zon de volgende dag weer opkomt, komen ze van hun stok en beginnen ze rond te scharrelen op zoek naar voedsel.

Eén zwaluw maakt nog geen lente

Als één ding goed verloopt, wil dat nog niet zeggen dat alles goed zal verlopen

De zwaluw is een trekvogel. Elk najaar verzamelen de zwaluwen zich om samen naar Afrika te trekken omdat er in de winter bij ons maar weinig insecten te vinden zijn.
In het voorjaar keren de zwaluwen uit het zuiden terug. De eerste zijn al in maart te zien, maar de grote massa komt pas halverwege april aan. Dan weet je dat het echt lente is.

Hij is een vreemde eend in de bijt

Hij is een vreemde in het gezelschap

Als het heel koud is, vriezen vijvers en meren dicht. Maar hier en daar blijft er een gat in het ijs. Een 'bijt' noemt men dat. Veel eenden verzamelen zich in de buurt van zo'n bijt om er naar voedsel te zoeken. Soms strijkt er ook een eend uit een andere plas neer. Die is dan de vreemde eend in de bijt.

Zo nijdig als een spin

Heel boos zijn

Bij sommige spinnen eet het vrouwtje na de paring het kleinere mannetje op. De beruchte zwarte weduwe is op die manier aan haar naam gekomen: 'zwart' omdat ze zwart gekleurd is, 'weduwe' omdat ze na het opeten van het mannetje als weduwe achterblijft.
De uitdrukking 'zo nijdig als een spin' is echter niet helemaal juist. Het spinnenvrouwtje eet haar mannetje niet op omdat ze nijdig is, maar omdat ze honger heeft. Aangezien het spinnenmannetje veel kleiner is dan zijzelf, denkt ze dat hij een prooi is. En elke prooi is goed om haar honger te stillen!

Planten

Op rozen zitten

Gelukkig zijn

De roos wordt ook wel de 'koningin der bloemen' genoemd. Het zal dus niemand verbazen dat heel wat vorsten en vorstinnen graag te midden van rozen vertoefden. Bij elk feest hoorden rozen. De Romeinse keizer Nero liet tijdens een feestje rozen op de hoofden van zijn gasten regenen. De Egyptische koningin Cleopatra liet tijdens een feestmaal de vloer een halve meter hoog met rozen bedekken. En reken maar dat al wie op die rozen mocht zitten, heel gelukkig was!

Geen rozen zonder doornen

Aangename dingen hebben ook hun onaangename kanten

De roos is een prachtige bloem, maar... haar steel staat vol scherpe doornen. Een dier dat zich eenmaal geprikt heeft, zal zich geen tweede keer in de buurt wagen!

Oude bomen verplant men niet

Bejaarde mensen blijven liever in hun vertrouwde omgeving leven

Een boom heeft wortels waarmee hij diep in de grond verankerd is. Die wortels zuigen water en voedingsstoffen op die door de stam en de takken naar de bladeren gaan.

Bij jonge boompjes zijn de wortels nog klein. Je kunt ze voorzichtig uitgraven en de boom dan elders uitplanten. Maar bij oudere bomen zijn de wortels erg groot. Als je die wortels probeert uit te graven, zul je ze zeker beschadigen. En dan kunnen ze hun werk niet goed meer doen, zodat de boom ziek wordt en zelfs kan doodgaan.
Ook veel oude mensen vinden verhuizen helemaal niet fijn. Ze blijven het liefst wonen waar ze altijd gewoond hebben. Daar voelen ze zich namelijk goed.

Trillen als een espenblad

Hevig beven

De bladeren van de esp of ratelpopulier hebben een lange, platte steel die met een smalle voet op de tak vastzit. Bij het minste windje beginnen die bladeren te trillen en te ritselen.
Volgens een oude legende is dat sidderen een straf voor de boom. Die straf kreeg hij lang geleden, toen God nog op aarde wandelde. Alle bomen bogen toen, behalve de esp.
Een ander verhaal geeft een andere uitleg: de boom zou nog altijd trillen omdat hij het hout leverde voor het kruis van Christus.

De appel valt niet ver van de boom

Kinderen lijken op hun ouders

Appels smaken niet allemaal hetzelfde en zien er niet allemaal gelijk uit. Maar aan één appelboom groeien altijd appels van dezelfde soort. Op dezelfde manier, zo zegt het spreekwoord, kun je aan de kinderen zien wie hun ouders zijn. De kinderen worden vergeleken met appels, de ouders met de appelboom.

Onkruid vergaat niet

Iemand die waardeloos is of weinig betekenis heeft, blijft het langst leven

Mensen worden soms vergeleken met onkruid, met planten die weinig waarde hebben, maar die meestal wel taaie rakkers zijn. Zoals brandnetels. Die zijn vaak moeilijk uit te roeien. Ook al trek je ze keer op keer uit, toch blijven ze komen. Want stukken van de wortels blijven in de grond zitten. En daaruit groeien telkens nieuwe stengels en bladeren.

Iemand behandelen als een kasplantje

Iemand heel goed verzorgen of voorzichtig met hem omgaan

Planten die gewend zijn aan ons gematigde klimaat, kun je buiten, in volle grond kweken. Maar planten die uit warmere streken komen kunnen zich maar moeilijk aanpassen aan onze koude winters. Daarom worden ze gekweekt in grote glazen kassen. Hierin kan men de temperatuur en de luchtvochtigheid zorgvuldig in het oog houden en regelen. Kasplantjes worden dus met alle zorgen omringd, maar tegen 'het echte leven' zijn ze niet goed opgewassen!

Boompje groot, plantertje dood

Iets ondernemen waarvan je zelf het resultaat niet zult zien

Sommige bomen kunnen heel groot worden. De hoogste boom ter wereld, een sequoia, haalt zelfs 110,3 m. Maar die is dan ook al eeuwen oud.

De eik en de beuk kunnen wel 35 m hoog worden. Maar die hoogte bereiken ze meestal niet in een mensenleven. Als je als kind een jonge eik of beuk plant, zul je zelfs als volwassene die boom niet in al zijn glorie kunnen bewonderen. Je hebt dan iets ondernomen waarvan je zelf niet het uiteindelijke resultaat ziet.

Een pad dat niet over rozen gaat

Een leven vol zorgen hebben

De roos is de bloem van de vreugde en het symbool van liefde en geluk. Wanneer vroeger een jongen en een meisje trouwden, werd de weg die zij naar de kerk aflegden, vaak bestrooid met rozen. Op die blijde dag hadden ze nog geen zorgen. Hun pad ging over rozen. Kwamen later de zorgen, dan zeiden de mensen dat hun pad niet meer over rozen ging.

Als paddestoelen uit de grond schieten

Snel en in grote massa tevoorschijn komen

In de herfst, als het weer gunstig is, kun je van de ene dag op de andere een heleboel paddestoelen uit de grond zien komen. Het zijn de vruchtlichamen van een zwam die onder de grond leeft. Je kunt ze vergelijken met de bloemen van een plant. Die bloemen zorgen ervoor dat de plant zich kan vermeerderen. Ze doen dat door zaadjes te vormen. Op dezelfde manier zorgen ook paddestoelen voor hun voortbestaan, maar zij doen het door sporen te vormen.

Natuur

Hij ziet alle kleuren van de regenboog

Hij heeft een slag op het oog of tegen het hoofd gekregen

Een regenboog krijg je soms te zien als na een regenbui de zon schijnt. Dan staat er aan de hemel een boog van zeven kleuren: rood, oranje, geel, groen, blauw, indigo en violet. Maar verwacht niet echt dat je die zeven kleuren te zien krijgt na een harde klap. Integendeel, vaak zie je dan alleen maar duisternis. Daarin flitsen wel soms witte lichtjes, zodat de uitdrukking 'sterretjes zien' veel dichter bij de waarheid is!

Iets verdonkeremanen

Iets stelen of laten verdwijnen

Wie iets steelt, wil niet dat dit gezien wordt. Hij zal dat dus liefst in het donker doen. 's Nachts bijvoorbeeld. Maar dan mag het geen volle maan zijn, want in een wolkeloze hemel kun je bij het licht van de volle maan veel zien. Dieven knappen hun werkjes bij voorkeur op als het nieuwe maan is of 'donkere maan', zoals men vroeger ook zei.

Wie wind zaait, zal storm oogsten

Wie ruzie maakt, zal er vaak zelf de ergste gevolgen van dragen

De lucht rond de aarde is voortdurend in beweging. Beweegt de lucht snel, dan kan er een storm ontstaan. De wind haalt dan snelheden van

meer dan 100 km per uur. De kracht van zo'n stormwind is enorm. Hij kan schepen doen kapseizen of bomen ontwortelen.
Het spreekwoord is echter niet helemaal juist. Niet elke wind zal aanwakkeren tot een storm. De wind kan na een tijdje gaan liggen. En op dezelfde manier hoeft ook een ruzie niet altijd dramatische gevolgen te hebben!

Veel wind, weinig regen

Er wordt wel veel drukte gemaakt, maar met weinig resultaat

Soms maken de mensen veel drukte om iets, maar bereiken ze toch geen resultaat. Ook veel wind hoeft niet tot zware regenval te leiden.
Regen ontstaat door de verdamping van het water van zeeën, rivieren en meren. Die waterdamp stijgt omhoog en vormt wolken met miljoenen waterdruppeltjes. Als die druppeltjes op elkaar botsen, vormen ze grotere druppels, en zijn die zwaar genoeg, dan vallen ze als regendruppels uit de wolk.
Maar zo'n wolk blijft niet op dezelfde plaats hangen. Ze wordt voortgedreven door de wind. Hoe meer wind, hoe sneller de wolk zich verplaatst. En dan is natuurlijk de kans klein dat ze net boven je hoofd openbarst!

Lichaam

In Morfeus' armen liggen

Rustig slapen

Morfeus was bij de oude Grieken de droomgod. Hij lag in een schemerig hol op een bed van ebbenhout. Om dat bed groeiden prachtige papavers. Die waren bekend om hun slaapverwekkende eigenschap. Morfeus had heel veel broers, wel duizend zei men. Twee van die broers werkten samen met Morfeus. Het waren Fobetor en Fantasos. Met hun drieën verschenen de broers in de dromen van de aardse mensen: Morfeus als mens, Fobetor als dier en Fantasos als een wezen zonder ziel.

Een hoge borst opzetten

Zich trots of hoogmoedig gedragen

Als je met het hoofd in de nek en de borst vooruit over straat loopt, dan doe je net zoals veel vogels tijdens de baltsperiode. Dat is de periode waarin de mannetjes op zoek zijn naar een vrouwtje. Om er indrukwekkend uit te zien zetten ze vaak een hoge borst op.

De baard in de keel hebben

De jongensstem verliezen en een zwaardere stem krijgen

Jonge kinderen hebben zeer korte stembanden. Hierdoor klinkt hun stem hoger dan die van volwassenen. Maar rond het twaalfde levensjaar

wordt het strottenhoofd bij jongens en meisjes groter. De stembanden worden dan langer en dikker, zodat de stem lager van toon wordt. Bij jongens zijn die veranderingen groter dan bij meisjes. Hun stembanden verdubbelen zelfs in lengte! In diezelfde periode begint bij de jongens meestal ook een baard te groeien.
Soms spreken jongens van de ene week op de andere met een lagere stem. Soms doen ze er langer over en dan schiet de stem af en toe van laag naar hoog en omgekeerd. Men zegt dan dat ze de baard in de keel hebben: de baard is onderweg, maar zit nog in de keel en kriebelt daar een tijdje!

Hij is met het verkeerde been uit bed gestapt

Hij is slecht gehumeurd

Vroeger dacht men dat alles wat zich aan de linkerkant bevond, minderwaardig was. Het rechterbeen was het goede been, het linkerbeen het verkeerde. En stapte je met het linkerbeen uit bed, dan begon je de dag slecht!

Hij heeft een wit voetje bij hem

Hij kan geen kwaad bij hem doen, alles wat hij doet is goed

Tegenwoordig hoef je nog maar zelden te betalen om gebruik te maken van wegen en bruggen. Maar vroeger was dat anders. Toen moest je tol betalen. Met dat tolgeld werden de wegen en bruggen onderhouden.
Wie te paard reed of een wagen liet trekken door paarden, moest ook tol betalen op de paarden. Maar als het paard witte voeten had, moest de eigenaar niets betalen. Wit was immers het symbool van reinheid. Een paard met witte voeten zou de weg zeker niet vuilmaken!

Zich met hand en tand verdedigen

Zich heel goed verdedigen

Volgens sommigen is deze uitdrukking ontstaan in de tijd dat zeerovers de kusten onveilig maakten. Op een dag hadden zeerovers weer een schip geënterd. Een matroos dreigde bij die overval in het water te vallen en hield zich met zijn handen aan het schip vast. Een van de zeerovers hakte toen zijn handen af, waarop de matroos zich met zijn tanden in het schip vastgreep.

Zijn hart vasthouden

Bang zijn dat iets verkeerd zal aflopen of dat er iets vreselijks zal gebeuren

Als je bang bent, gebeurt er van alles met je lichaam. Je wordt bleek, je rilt, je haren rijzen te berge en... je krijgt hartkloppingen. Je hart gaat als een razende tekeer en pompt veel sneller dan anders bloed door je lichaam. Zo bereidt je lichaam zich voor om in actie te komen, bijvoorbeeld om te vluchten of te vechten.

Wie zijn hart zo hard voelt bonzen, heeft vaak de neiging de handen even op de hartstreek te leggen. Alsof men zo het hart probeert vast te houden.

Hij is Oost-Indisch doof

Hij doet alsof hij niets hoort als iemand hem roept of iets vraagt

Indonesië, dat vroeger Oost-Indië werd genoemd, is meer dan 300 jaar lang een kolonie van Nederland geweest. Van 1602 tot 1949 werd het land geregeerd door Nederlanders.

In Indonesië werd toen Nederlands gesproken, een taal die voor de oosterlingen heel vreemd was en die zij maar langzaam leerden. Het gebeurde dan ook heel vaak dat een Nederlander die in het Nederlands het woord richtte tot de inboorlingen, helemaal niet begrepen werd. Vaak reageerden de inboorlingen zelfs niet.
Zo ontstond de uitdrukking 'Zo doof als een Oost-Indiër' of 'Oost-Indisch doof'.

Voor iemand duimen

Dit zeg je als je wilt dat iemand geluk heeft

Als je zus meedoet aan de 100 meter hardlopen of als je broer een examen moet afleggen, kun je voor hen duimen. Dan doe je zoals het publiek dat vroeger naar de stoere Romeinse gladiatoren kwam kijken. Maar stoere kerels of niet, soms was een van hen zo gewond dat hij zijn krachten begon te verliezen. Hij liet dan zijn wapen neer en stak zijn wijsvinger in de hoogte. Op die manier vroeg hij de toeschouwers of hij niet meer verder hoefde te vechten. Als de toeschouwers antwoordden door hun duim omhoog te houden, betekende dit voor de strijder geluk. Het gevecht werd dan gestaakt en hij bleef in leven.

Iets uit zijn duim zuigen

Iets verzinnen

Vroeger dachten sommige mensen dat je allerlei dingen te weten kon komen door één of meer vingers in de mond te steken. Misschien dachten ze ook dat in de duim de meeste kennis zat, omdat dit de dikste vinger is. Later verdween dit bijgeloof. Wie nu iets uit zijn duim zuigt, verzint zomaar wat!

Iets de kop indrukken

Iets met geweld onderdrukken

Wanneer je tandpijn onderdrukt met een krachtige pijnstiller, dan kun je zeggen dat je je tandpijn de kop indrukt. Dan neem je een voorbeeld aan Hercules, de mythologische held die de hydra overwon.
De hydra was een veelkoppige waterslang met een dodelijke adem. Hercules ging het monster te lijf met zijn knots. Hij hakte één na één de koppen af, maar voor elke afgehakte kop groeiden er uit het giftige bloed dadelijk twee nieuwe. Hercules wist dat er maar één middel was om het kwaad te verdelgen: hij moest het bloed door middel van vuur stelpen.
Hercules riep de hulp in van zijn vriend Iodadis. Zodra Hercules een van de koppen afhakte, hield Iodadis een brandende fakkel tegen de wond zodat er geen bloed meer vloeide. Samen konden ze zo de hydra overwinnen.

De oren spitsen

Scherp luisteren

Als je heel goed wilt luisteren, kun je je hand achter je oor houden. Op die manier vergroot je je oorschelp en vangt je oor meer geluidstrillingen op.
Paarden, honden en andere dieren met spitse oren, strekken hun oren om scherper te kunnen luisteren. Sommige dieren kunnen zelfs hun oren alle kanten uit draaien. Zo kunnen ze vrij goed bepalen waar een geluid precies vandaan komt.
Als je ziet dat de hond zijn oren spitst, dan mag je er zeker van zijn dat hij iets hoort. Ook als jij de indruk hebt dat er helemaal geen geluid is. Dat komt doordat de hond een scherper gehoor heeft dan jij.

Hij heeft twee linkerhanden

Hij is heel onhandig

De meeste mensen zijn rechtshandig. Schrijven, knippen, timmeren... doen zij met hun rechterhand. Die is immers veel 'handiger' dan hun linkerhand.
Als je zegt dat iemand twee linkerhanden heeft, dan bedoel je dat hij twee 'onhandige' handen heeft. Maar er zijn ook veel mensen die linkshandig zijn. Voor hen zou de uitdrukking moeten zijn: 'Twee rechterhanden hebben'.

Iets op zijn lever hebben

Iets erg belangrijks willen zeggen

De lever is een orgaan in de buik. Een van zijn belangrijkste taken is het zuiveren van het bloed door de aanwezige gifstoffen onschadelijk te maken.
Vroeger dacht men dat de lever ook de plaats was van waaruit verschillende gevoelens naar boven kwamen. Wilde je absoluut praten over je gevoel van boosheid of je schuldgevoel, dan zei men dus dat je iets op je lever had.

Iets onder de knie krijgen

Ergens macht over krijgen of iets beheersen

Als je de tafels van vermenigvuldiging kunt opzeggen, dan heb je ze onder de knie. Dan beheers je ze.
Vroeger sprak men echter niet van 'iets', maar van 'iemand' onder de knie krijgen. De uitdrukking werd toen gebruikt bij het worstelen. De

winnaar zette de knie op de borst van de overwonnene. Hij had dus de ander onder de knie.
Iemand 'over de knie leggen' betekent iets heel anders. Als jouw vader daarmee dreigt dan wil hij maar één ding zeggen: 'Jij hebt een pak slaag verdiend!'

Nog nat achter de oren zijn

Zeer jong en onervaren zijn

Misschien is het jou ook wel gebeurd. Je legt iets met hand en tand uit en dan krijg je te horen dat je maar beter zwijgt, want 'je bent nog nat achter de oren'.
Volwassenen bedoelen hiermee dat je praat over dingen die alleen grote mensen kunnen beoordelen. Met andere woorden: ze vinden je nog te jong.
Ze vergelijken je met een pasgeboren baby. Als die uit de buik van zijn moeder komt, is hij helemaal nat. De natte baby wordt wel meteen gewassen en afgedroogd, maar achter de oorschelpjes blijft de rimpelige huid nog wat langer nat.

Iemand aan de tand voelen

Iemands kennis of gedrag onderzoeken

Deze uitdrukking heeft dezelfde oorsprong als 'Je moet een gegeven paard niet in de bek kijken'. Door naar de tanden van het paard te kijken, kun je er iets meer over te weten komen. Als iemand jou aan de tand voelt, probeert die persoon dus meer te weten te komen over jou. Niet door aan je tanden te voelen (je bent geen paard), maar door veel vragen te stellen.

Het bloed onder iemands nagels vandaan halen

Iemand heel erg treiteren

Deze uitdrukking verwijst naar een van de pijnlijkste martelingen die er bestaan: met naalden onder de nagels prikken. Pas deze foltering niet toe om je vriendje of vriendinnetje een bekentenis af te dwingen. Folteringen zijn verboden!

Geen haarbreed toegeven

Helemaal niet toegeven

Een haar is zo smal, dat je het met een gewone meetlat niet kunt meten. Gemiddeld is het hoofdhaar van de mens één tiende van een millimeter dik.
Als je dus nog minder dan een 'haarbreed' toegeeft, dan geef je eigenlijk helemaal niet toe.

Met lange tanden eten

Met tegenzin eten

Om deze uitdrukking te begrijpen, moet je iets weten over de snijtanden van knaagdieren, zoals ratten, muizen, hamsters, bevers en eekhoorns. Hun beitelvormige tanden zijn speciaal gemaakt om te kunnen knagen aan hout en ander taai plantaardig voedsel. Hierdoor slijten de tanden natuurlijk voortdurend af, maar dat is voor de knaagdieren niet erg. Zij hebben namelijk tanden die almaar blijven groeien. Hun hele leven lang.
Zie je dus een knaagdier met extra lange tanden, dan weet je dat dit arme diertje niet veel heeft kunnen knagen.

Tranen met tuiten huilen

Hard huilen

Volgens sommigen is deze uitdrukking al meer dan 2000 jaar oud. Ze verwijst naar de gewoonte van de Israëlieten om klaagvrouwen in te huren. Als er een sterfgeval was, werden één of meer van die klaagvrouwen opgeroepen. Zij gingen rond de dode staan en huilden. Hun tranen vingen ze op in langwerpige flesjes of kannetjes, 'tuiten' genaamd. De tuiten met tranen werden als aandenken aan de dode bewaard of bij het lijk in het graf gezet.

Uit het oog, uit het hart

Wie of wat je niet meer ziet, vergeet je snel

Bij het lezen van dit spreekwoord krijg je de indruk dat het geheugen in het hart zetelt. Dat is natuurlijk niet waar. Het zijn de hersenen die ervoor zorgen dat je iets kunt onthouden.
Maar om iets goed te kunnen onthouden, is er herhaling nodig. Wat je ziet of hoort, moet eerst in het geheugen worden 'gegrift'. Daarom is dit spreekwoord toch ook wel juist: als je iets een tijdlang niet meer onder ogen krijgt, zul je dat vergeten.

Op grote voet leven

Rijk leven

Eigenlijk zou deze uitdrukking moeten luiden: 'Op grote schoen leven'. Ze is ontstaan in een periode dat reusachtige puntschoenen in de mode waren. Soms waren die schoenen ongehoord lang. Tot 70 en zelfs 80 cm lang! Om het lopen op zulke schoenen te vergemakkelijken, werd de

punt vaak met een ketting aan de knie vastgemaakt. Op straat moest men zelfs een omweg maken om elkaar te passeren.
Toen kwam er een wet die zei dat vorsten recht hadden op punten van 60 cm; bij rijken en edelen mocht de punt 30 cm uitsteken en gewone burgers moesten tevreden zijn met niet meer dan 15 cm. En het gewone volk? Dat droeg helemaal geen schoenen...

Huis en gezin

Zoals de ouden zongen, piepen de jongen

Kinderen gedragen zich heel vaak zoals hun ouders

De haan kraait, de kip kakelt, de mus tsjilpt, de duif kirt,... Elke vogel maakt zijn eigen geluid, dat anders klinkt naar gelang van de boodschap die hij wil meedelen.

Jonge vogels kunnen in het begin meestal alleen maar piepen, maar ze horen hun ouders voortdurend bezig en leren stilaan de betekenis achter de geluiden kennen. Als ze wat ouder zijn, maken ze dezelfde geluiden als hun ouders.

Met de deur in huis vallen

Meteen zeggen waar je voor komt

Tegenwoordig hebben bijna alle huizen een hal of gang. Maar vroeger gaf de voordeur direct toegang tot de woonkamer. Als je toen zonder kloppen binnenkwam, viel je letterlijk ‘met de deur in huis’.

Dat is een heet hangijzer

Dat is een moeilijke, netelige zaak

Vroeger was er in alle huizen een schouw waarin een stevige ijzeren haak hing. Die diende om een pot of ketel aan te hangen. Daaronder werd dan een vuur gestookt.

Omdat het 'hangijzer' voortdurend boven het vuur hing, was het erg heet. Je moest goed oppassen dat je je er niet aan brandde!

Ergens zijn tenten opslaan

Ergens gaan wonen

Deze uitdrukking hebben we overgenomen van de nomadenvolken. Zij trekken voortdurend van de ene plaats naar de andere en blijven nergens lang genoeg om er een huis te bouwen. Daarom wonen zij in tenten, die gemakkelijk af te breken en weer op te zetten zijn.
Tegenwoordig zijn er veel minder nomaden dan vroeger. Je vindt ze vooral nog in woestijn- en steppegebieden. De bekendste zijn de pygmeeën, de Bosjesmannen en de Toearegs in Afrika, verschillende indianenstammen in Amerika, de inuïts (eskimo's) in het noordpoolgebied en de Lappen in Noord-Europa.

Een huishouden van Jan Steen

Een rommelig en rumoerig huishouden

Jan Steen was een Nederlandse schilder. Hij werd in het begin van de 17de eeuw geboren in Delft. Een bekend schilderij van hem heet 'Het huishouden van Jan Steen'. Als dat werkelijk zijn eigen huishouden was, dan was Jan Steen beslist geen Pietje Precies!
Op het schilderij zie je een woonkamer waarin werkelijk alles overhoop ligt. De kinderen buitelen in vieze kleren over de vloer, de kat loopt rond met een stuk spek, de hond likt uit de pot, op de schoorsteen zit een aap... Jan Steen zelf heeft een glas wijn in de hand en de moeder zit rustig in een leunstoel en kijkt het allemaal aan zonder ook maar iets te zeggen...

In het huwelijksbootje stappen

Trouwen

Wanneer een jongen en een meisje trouwen, zegt men dat ze samen in het huwelijksbootje stappen. Maar wie heeft dit huwelijksbootje wel eens in het echt gezien?
Toch heeft het ooit bestaan. In Nederland, waar er veel water is, was het in de 17de eeuw op vele plaatsen gebruikelijk zich per 'huwelijksboot' naar de kerk te begeven. Die boot was van onder tot boven versierd met vlaggen en op het dek speelde vaak een orkestje.

Het is van de bovenste plank

Het is van het beste dat er te vinden is

Lang geleden woonden de mensen heel anders dan nu. Velen hadden zelfs alleen maar een soort hut. Kasten zoals nu waren er toen nog niet. De weinige spullen die men had, werden opgeborgen in koffers of gewoon op planken gezet die tegen de muur waren opgehangen. En waar werden de kostbaarste zaken gezet? Jawel, op de bovenste plank. Ver van de muizen en ratten die geregeld op bezoek kwamen.

Voeding

Geen pottenkijkers nodig hebben

Geen nieuwsgierigen willen

Komen er bij jou thuis soms ook zulke lekkere geuren uit de keuken? En kijk jij dan ook vaak in de potten (en pannen) om te zien wat er straks op tafel komt? Dan ben jij een echte pottenkijker, iemand die nieuwsgierig is.

De kastanjes voor iemand uit het vuur halen

Een lastig karweitje voor iemand opknappen

In de herfst zijn de kastanjes rijp. De eetbare tamme kastanjes worden vaak in hete as gepoft. De kastanjes uit het vuur of de gloeiende as halen, is geen ongevaarlijk werkje. Als ze niet diep genoeg zijn ingesneden, kunnen ze opeens met een plofje openspringen en omhoogwippen uit het vuur. Je bent dus maar wat blij als een ander de kastanjes voor je uit het vuur haalt!

Je moet niet al je eieren onder één kip leggen

Je moet niet al je geld of al je krachten aan één ding besteden

De kip is de recordhoudster van het eieren leggen. Goede legkippen kunnen zelfs meer dan 300 eieren per jaar leggen! Maar geen enkele kip is in staat 300 eieren tegelijk uit te broeden.

Meestal maakt de kip een nest met 10 tot 12 eieren. Daarop gaat ze dan zitten broeden. Leg je nog meer eieren onder de kip, dan zal ze die niet warm kunnen houden. Met het gevolg dat de nog ongeboren kuikentjes in de eieren doodgaan.

Een appelflauwte krijgen

Bleek en onpasselijk worden, maar zonder echt flauw te vallen

Wie vroeger opeens bleek werd en op zijn benen begon te wankelen, moest ruiken aan een zure appel. Of hij moest een hap van een zure appel nemen. Want dan ging de flauwte meteen over, zo beweerde men. Daarom werd een lichte flauwte die weinig te betekenen had, door iedereen een appelflauwte genoemd.

Eieren kiezen voor zijn geld

Met minder tevreden zijn dan je eerst eiste

Door oorlogen of ten gevolge van andere problemen, zoals een mislukte oogst, kwam het vroeger geregeld voor dat er te weinig muntstukken werden geslagen. Geld was dan schaars. Dat was ook in Friesland het geval in de 16de eeuw, toen Karel V aan de macht was. De schaarste aan geld was toen zo groot, dat men elkaar betaalde met eieren.

Rammelen van de honger

Ontzettend veel honger hebben

Er is niets in je lichaam dat kan rammelen. Maar af en toe hoor je wel een rommelend geluid uit je buik komen. Het zijn gassen die zich ver-

plaatsen in je spijsverteringskanaal. Je zegt dan dat je maag knort, maar meestal zitten die rommelende gassen ergens in je dunne en dikke darm, die samen bijna 8 meter lang zijn.
De gassen kunnen zich het beste verplaatsen in darmen die leeg zijn. Daarom wijst gerommel erop dat het tijd is om te eten.

De pil vergulden

Iets dat onaangenaam is, op een aangename manier voorstellen

Als je ziek bent, moet je soms pillen slikken. Die bevatten stoffen die je genezen. Maar heel vaak smaken die stoffen slecht. Moeders proberen er telkens weer iets op te vinden om de pil voor hun kinderen een beetje te 'vergulden', een beetje lekkerder te maken: ze verstoppen ze bijvoorbeeld in wat jam of honing.
Wist je dat er ook nog een andere manier bestaat om een slecht smakende pil niet te proeven? Knijp je neus dicht terwijl je de pil doorslikt. Als je neus niets kan ruiken, zul je namelijk ook veel minder proeven!

Verboden vruchten zijn het lekkerst

Wat je niet mág doen, doe je vaak het liefst

Deze uitdrukking verwijst naar het bijbelverhaal over het aards paradijs. Daar mochten Adam en Eva van alle vruchten eten, behalve van de appels van de boom der kennis. Dat waren in die tijd verboden vruchten.
Maar op een dag verleidde de duivel, vermomd als slang, Eva om toch van de appel te proeven. En die ongehoorzaamheid was er de oorzaak van dat Adam en Eva uit het paradijs verdreven werden.

Met de gebakken peren blijven zitten

De onaangename gevolgen van iets moeten accepteren

Peren hoef je niet altijd rauw te eten. Je kunt ze op verschillende manieren bereiden: gekookt, gestoofd, gedroogd...
Maar heb je ooit gehoord van iemand die peren bakt? Nee, gebakken peren eten we normaal gesproken niet. Die vinden we helemaal niet lekker. Dus als je toch peren bakt, zoek je moeilijkheden, want niemand zal ze willen eten. Het gevolg is dat je zelf met de gebakken peren blijft zitten!

Dat is een harde noot om te kraken

Dat is een zeer moeilijk werk

De walnoot of okkernoot is de eetbare vrucht van de notenboom. Wie de noot wil opeten, moet echter eerst de dop kraken. Die is zo hard, dat je er een notenkraker voor nodig hebt!
Waarom die dop zo hard is? Zo beschermt de boom zijn vruchten tegen dieren die maar wat graag de noten willen opeten. Maar toch zijn er nog altijd dieren waarvoor de harde dop geen hindernis vormt. Knaagdieren zoals muizen en eekhoorns bijvoorbeeld knagen gewoon een gat in de dop!

De hond in de pot vinden

Thuiskomen als iedereen al gegeten heeft

Heel wat honden krijgen alleen maar restjes te eten. Zo kan het gebeuren dat als je thuiskomt, de hond bezig is de potten uit te likken. Je weet dan dat je te laat bent voor de maaltijd.

Dat zal hem geen windeieren leggen

Daar zal hij veel voordeel aan hebben

In het legseizoen kan een goede kip elke dag een ei leggen. Het ei ontwikkelt zich in haar buik. Daar wordt ook de schaal van kalk gevormd die de eidooier en het eiwit beschermt. Maar soms heeft de kip niet genoeg kalk om die schaal te vormen. Dan legt ze een ei waaromheen alleen maar een dun vlies zit. Dat noemt men een windei.
Windeieren zijn niet stevig en breken gemakkelijk. Daarom mengt men door het kippenvoer af en toe wat kalk.

Hij heeft niet veel in de melk te brokken

Hij heeft niet veel te zeggen

Vroeger werd er, vooral op het platteland, veel pap gegeten. Die werd gemaakt van melk. Hoe armer een gezin, hoe vaker er alleen maar een bord pap op tafel kwam. Met brokken brood werd die pap dan heel dik gemaakt. Wie echt heel arm was, had zelfs geen brokken om in de melk te doen.

Kleding

De broek aan hebben

De baas in huis zijn

Vroeger was het in onze maatschappij een algemene regel dat de man de baas in huis was. Maar niet in alle gezinnen was het diegene die de broek droeg, die het gezag had. Sommige vrouwen wilden zelf de baas spelen over het huishouden. Van hen werd gezegd dat ze 'de broek droegen'.

Tegenwoordig is het heel anders, man en vrouw beslissen samen over het reilen en zeilen van het huishouden. En ze dragen ook vaak allebei een broek!

Zijn leven hangt aan een zijden draad

Hij verkeert in groot gevaar

Een zijden draad is heel fijn. Je kunt er heel goed stoffen mee weven, maar om er iets aan op te hangen, is de zijden draad doorgaans niet sterk genoeg.

Zijde wordt gemaakt door de zijderups. Die rups heeft aan beide zijden van de kop spintepels. Daaruit komt een vloeistof die snel verhardt, zodat een soort draad ontstaat. De rups maakt met behulp van die draad haar cocon.

Meer dan tweeduizend jaar geleden ontdekten de Chinezen dat ze met die draden zijden stoffen konden weven. Ze begonnen toen de zijderups te kweken.

Hij heeft de bokkenpruik op

Hij is slecht gehumeurd

In de 17de en 18de eeuw droegen veel mensen een pruik. Zowel mannen als vrouwen droegen kapsels die niet van hun eigen haar waren gemaakt. Soms werden voor die pruiken de haren van dieren gebruikt. Bokkenharen bijvoorbeeld. Die waren vrij hard en stug, zodat een bokkenpruik niet zo gemakkelijk zat. Misschien zei men daarom van iemand die altijd mopperde, dat hij de bokkenpruik ophad.

Met de hoed in de hand komt men door het ganse land

Wie beleefd is, zal het ver brengen

Hoeden voor mannen zijn uit de mode, maar vroeger hadden alle mannen een hoofddeksel. Wie rijk was droeg een hoed, wie arm was een pet. Kwam je iemand tegen, dan deed je die hoed of die pet even af om gedag te zeggen. Dat was beleefd.

Ergens een knoop in leggen

Een knoop in bijvoorbeeld een zakdoek leggen met de bedoeling iets niet te vergeten

Als je merkt dat er in je zakdoek een knoop zit, weet je dat je nog iets moet doen. Maar waarom precies een knoop?
Waarschijnlijk hebben we dat afgekeken van de inca's. Zij hadden zelfs een echt knopenschrift: 'quipu'. De quipu was een koord waaraan gekleurde koorden en touwtjes waren bevestigd. In die koorden en touwtjes legden de inca's knopen. Het aantal, de grootte en de afstand van de knopen ten opzichte van elkaar hadden alle een andere betekenis.

Iemand de handschoen toewerpen

Iemand uitdagen om iets te doen

Deze uitdrukking ontstond in de Middeleeuwen, ten tijde van de ridders. Ridders waren krijgslieden die een eed van trouw aflegden aan hun vorst. Zij moesten hem in geval van oorlog helpen. Maar ridders vochten niet alleen in grote oorlogen. Heel vaak namen ze het tegen elkaar op. Ze daagden elkaar uit door de ander een handschoen toe te werpen. Wie de handschoen liet liggen, werd beschouwd als een lafaard. Wie de handschoen opnam, zei hiermee dat hij een gevecht niet uit de weg ging en trad in het strijdperk.

Iemand iets in de schoenen schuiven

Iemand beschuldigen van iets dat hij niet heeft gedaan

Naar het schijnt is deze uitdrukking lang geleden ontstaan tijdens een onderzoek naar de diefstal van een gouden munt. Toen de dief zag dat men hem op het spoor was, schoof hij de gestolen munt gewoon in de schoen van een makker. Zo probeerde hij aan het gerecht te ontsnappen en de schuld van de diefstal op de ander te schuiven.

Het masker afleggen

Ophouden met veinzen, zijn echte bedoelingen laten zien

Met een masker voor je gezicht kun je jezelf onherkenbaar maken. Pas als je het aflegt, laat je zien wie je bent. Of als je door iemand 'ontmaskerd' wordt.
Tegenwoordig worden maskers vooral gebruikt voor de carnavalsviering. In het oude Griekenland werden ze ook gebruikt op het toneel.

Met zo'n masker op kon een toneelspeler de rol van een god of een monster spelen. Of hij kon de rol van een vrouw op zich nemen, wat handig was, want toen waren toneelspelers altijd mannen. Een speler kon zelfs tijdens één stuk verschillende rollen spelen. Hij hoefde dan alleen maar van masker te veranderen.

De kous op de kop krijgen

In plaats van een beloning of een toestemming, een afstraffing of een weigering krijgen

Volgens sommigen luidde deze zegswijze vroeger: 'Met de kous op de kop thuiskomen'. Het betekende dat iemand van een vergeefse reis terugkwam, helemaal berooid en op blote voeten, want de kous had men uitgetrokken om als muts te gebruiken!

Feesten

Op de eerste april stuurt men de gekken waar men wil

Op 1 april verzint men allerlei grappen om de anderen beet te nemen

Op 1 april kun je iemand naar de winkel sturen om een kilo gepofte kikkerdril of een doos halve spijkers te kopen. Zelfs kranten, radio en televisie proberen je dan te foppen. Maar alleen wie gek of dom is, zal zich op 1 april laten beetnemen, want op die dag zijn alle mensen extra waakzaam. Aprilgrappen zijn eeuwenoud, maar niemand weet waar en hoe ze ontstaan zijn.

Zich op z'n paasbest kleden

Z'n beste kleren aantrekken

Pasen is het lentefeest. De winter is voorbij, de natuur wordt wakker. De bomen krijgen weer bladeren, de bloemen kleuren de wereld. Alles lijkt wel nieuw te zijn, en ook de mensen willen niet achterblijven. Al heel lang bestaat de gewoonte om in het voorjaar een grote schoonmaak te houden. Het hele huis wordt dan onder handen genomen. Ook de kleerkast. De winterkleren worden opgeborgen. Hun plaats wordt ingenomen door de zomerkleren die nog een jaartje meekunnen en door... nieuwe kleren.

Vooral vroeger was het de gewoonte vóór Pasen het hele gezin in nieuwe kleren te steken. Zo kon iedereen met Pasen zijn paasbeste kleren aantrekken!

Hij is een feestnummer
Hij is een lol- en grappenmaker

Wie op een feestje altijd lol maakt en grappen uithaalt, wordt door de anderen een feestnummer genoemd. Dat woord betekent letterlijk: het nummer van een blad of tijdschrift dat helemaal aan een bepaald feest is gewijd.

Muziek-instrumenten

De aftocht blazen

Je terugtrekken uit een moeilijke situatie

Door op een trompet te blazen werd vroeger aan het leger het sein gegeven om zich terug te trekken. Ook nu nog kun je, als je ergens vertrekt zonder dat je resultaten hebt geboekt, zeggen dat je de aftocht blaast. Zelfs al heb jij dan helemaal geen trompet om op te blazen!

De mensen optrommelen

De mensen bij elkaar roepen

Lang geleden waren er geen kranten, radio en televisie om iets bekend te maken. Als er iets belangrijks moest worden meegedeeld, dan gebeurde dit vaak door trommelslagers. Zij gingen al roffelend door de straten en hielden hier en daar halt om de mensen toe te spreken.

Iets aan de grote klok hangen

Iets overal gaan vertellen

Vroeger hingen er in een klokkentoren meestal twee klokken: een kleine en een grote. De kleine klok diende om de mensen bij elkaar te roepen als iemand een boodschap kwam afkondigen. De grote klok werd geluid om de mensen te verwittigen bij een brand, een overstroming, een vijandelijke aanval... Omdat de grote klok erg zwaar was, gaf hij bij het luiden een geluid dat heel ver te horen was. Wie dus de grote klok luidde, kon er zeker van zijn dat hij overal gehoord werd.

De eerste viool willen spelen

Het meeste te zeggen willen hebben, de toon willen aangeven

De meeste grote orkesten die klassieke muziek uitvoeren, hebben vier secties: snaarinstrumenten, houten blaasinstrumenten, koperen blaasinstrumenten en slaginstrumenten. De viool is het belangrijkste snaarinstrument. In het orkest spelen meer violisten mee, maar slechts één kan de 'eerste viool' spelen. Hij of zij zit dicht bij de dirigent en geeft de toon aan.

Met veel tamtam

Met veel drukte

Een tamtam of 'sprekende trommel' is een houten trom die met de hand geslagen wordt. In het Afrikaanse oerwoud wordt de tamtam soms gebruikt om boodschappen door te seinen. De drummer bootst dan gesproken woorden en uitdrukkingen na met trommelslagen.
Het tamtamgeluid reikt kilometers ver. Dat is veel verder dan de menselijke stem. Maar natuurlijk kun je de tamtam alleen maar begrijpen als je dezelfde taal spreekt als de drummer.

Sport en spel

Zo hard als een bikkel

Heel hard

Het bikkelspel is ondertussen al meer dan tweeduizend jaar oud. Vroeger werd het gespeeld met de harde kootjes die worden gehaald uit schapenpoten. Op oude Griekse vazen zie je zowel goden als mensen met die botjes spelen. Ook de Romeinse soldaten bikkelden vaak in hun vrije tijd, en zij hebben het spel ten gevolge van hun vele veldtochten in allerlei andere landen ingevoerd.

Zowel de oude bikkels van schapenbotjes als de modernere metalen bikkels zijn zeer hard. Bikkelhard!

Aan het kortste eind trekken

Verliezen

Stel je voor dat jij en je broer leuk samen aan het spelen zijn en dat je vader plotseling zegt dat iemand dringend naar de winkel moet. Wie van jullie zal dan gaan?

Op dat ogenblik kun je een strootje trekken, zoals ze dat heel lang geleden ook al deden. Je vader houdt dan een kort en een lang strootje (je kunt het natuurlijk ook met stokjes of iets anders doen) in zijn hand, maar zo dat niemand ziet welk strootje het langste is. Dan trek je allebei een strootje. Wie het kortste eind trekt, verliest en zal inkopen moeten gaan doen!

Daar heb je de poppen aan het dansen

Nu begint het geruzie!

Het poppenspel was vroeger een echt volksvermaak. Zelfs de volwassenen gingen op zondagmiddag vaak naar een voorstelling met de poppenkast kijken.
Heel beroemde poppen waren onder andere Jan Klaassen en zijn vrouw Katrijn. Deze poppen werden in de 17de eeuw in het leven geroepen door een man die Jan Klaassen heette en die getrouwd was met... jawel, Katrijn!
De poppen Jan Klaassen en Katrijn maakten heel wat ruzie in hun poppenhuis. Met wilde bewegingen gingen ze elkaar dan te lijf, zodat het publiek al gauw begon te zeggen: 'Daar heb je de poppen aan het dansen!' En die uitdrukking werd op den duur ook gebruikt voor andere ruziemakers.

De kool en de geit sparen

Twee tegenstanders allebei tevreden stellen

Deze uitdrukking verwijst naar het volgende oude raadsel.
Een man moet een wolf, een geit en een kool naar de andere kant van de rivier brengen. Bruggen zijn er niet en hij heeft slechts een heel klein bootje tot zijn beschikking. Het is zo klein dat er naast hemzelf alleen maar plaats is voor óf de wolf, óf de geit, óf de kool.
Hij kan natuurlijk drie keer varen, maar hij zit met het probleem dat tijdens zijn afwezigheid de geit de kool en de wolf de geit zal oppeuzelen. Hoe moet de man zijn vrachtje heelhuids op de andere oever brengen? Met andere woorden: op welke manier moet hij zijn kool en zijn geit sparen?
De oplossing vind je op pagina 107.

Iemand schaakmat zetten

Iemand vastzetten zodat hij geen uitweg meer weet

Ken je het schaakspel? Het is een eeuwenoud spel dat afkomstig is uit Perzië, het huidige Iran. Het wordt gespeeld op een bord met 64 vakjes of velden. Elke speler heeft een koning, een koningin, twee lopers, twee paarden, twee torens en acht pionnen.
De bedoeling van het spel is de tegenstander 'schaakmat' te zetten. 'Schaakmat' komt van het Perzische 'sjah mat' en betekent 'de koning is dood'. De speler die schaakmat staat, kan zijn koning niet meer verplaatsen. Hij verliest.

Het huis op stelten zetten

Wanorde maken

Op stelten lopen ziet er gemakkelijk uit, maar het vereist toch echt wel wat oefening. Als je voor de eerste keer op stelten staat, loop je erg wankel. Je staat dan niet erg vast op je benen.
Ook in een huis waar wanorde en verwarring heersen, staat alles onvast. Dan lijkt het net of het huis op stelten staat!

Aan de touwtjes trekken

De baas zijn, alles regelen

Wie wel eens naar een marionettentheater is geweest, zal deze uitdrukking zeker begrijpen. Marionetten zijn poppen die door touwtjes worden bediend. Door aan de touwtjes te trekken, laat de poppenspeler zijn poppen bewegingen maken. Hij is dus de baas over hen en regelt het spel.

Hij zit op zijn stokpaardje

Hij spreekt over zijn geliefkoosde onderwerp

Vroeger was het rijden op een stokpaardje een van de leukste jongensspelen. Een stokpaardje was een stok met een paardenkop eraan. Wie op zo'n stok zat, verbeeldde zich dat hij een echte ruiter was.
Later werden die kleine jongens groot en gingen op echte paarden rijden. Het geliefde stokpaardje kreeg een symbolische betekenis. Als men nu van een volwassene zegt dat hij op zijn stokpaardje zit, dan bedoelt men dat hij weer eens aan het vertellen is over iets dat hem bijzonder nauw aan het hart ligt.

Beroepen

Iets op eigen houtje doen

Iets doen zonder dat je daarvoor toestemming hebt gevraagd

Wie in de Middeleeuwen iets kocht, hoefde niet altijd meteen te betalen. Hij kon vragen het bedrag 'op de rekening' te zetten om het later te betalen. Die rekening bestond uit twee houtjes die naast elkaar werden gelegd. De verkoper kerfde ze samen in. Het aantal kerven gaf aan hoeveel de koper schuldig was. Waarom twee houtjes? Eén voor de verkoper en één voor de koper. Zo konden ze elkaar niet bedriegen.

Het ijzer smeden als het heet is

Als zich een goede kans voordoet, moet je die met beide handen grijpen

IJzer is een hard metaal. Maar door het ijzer in het vuur te houden, wordt het zachter. Het kan dan door de smid worden gesmeed. Hij verhit het ijzer tot het roodgloeiend is en slaat het met een hamer in de juiste vorm. Bijvoorbeeld in de vorm van een hoefijzer.

Iemand een loer draaien

Iemand beetnemen

Waarschijnlijk is deze uitdrukking ontleend aan de valkerij. Dat is de jacht met valken, die beoefend wordt door valkeniers.

Omdat de valk zeer scherpe klauwen heeft, draagt de valkenier altijd een stevige handschoen. Daarop zit de valk als hij niet moet jagen. Maar zodra de hond van de jager het wild heeft opgejaagd, wordt de valk weggestuurd. Hij beschrijft dan hoog in de lucht kringen om te zien waar het wild zich ophoudt. Ziet hij een prooi, dan vliegt de valk in duikvlucht op hem af en 'slaat' hem. Dat wil zeggen dat hij zijn klauwen in de prooi zet, zodat die niet kan vluchten.
Als de valk weer bij de valkenier moet terugkomen, lokt deze hem door met een 'loer' te zwaaien. Dat is een nagemaakte vogel, een lokvogel. Met die loer wordt de valk dus voor de gek gehouden.

Door de mazen van het net kruipen

Niet gestraft worden terwijl je eigenlijk wel een straf verdiend hebt. Of op het nippertje aan gevaar ontsnappen

In zee wordt veel vis gevangen met grote netten. In die netten zitten openingen of mazen. Kleine vissen kunnen door de mazen glippen.
De grote blijven gevangen.
Ook misdadigers glippen soms door de mazen. Maar in hun geval zijn het niet de mazen van het net, maar de mazen van de wet!

Niet veel in zijn mars hebben

Weinig weten, weinig kennen

Een mars is een grote korf of draagzak. Daarin stopten vroeger de marskramers die te voet van de ene markt naar de andere trokken, al hun koopwaar. Soms was die mars zo volgeladen, dat de marskramer helemaal gebukt liep onder het gewicht. Soms had de marskramer niet veel in zijn mars. Hij had dan weinig te bieden aan zijn klanten.

Hij heeft oogkleppen voor

Hij doet net of iets niet bestaat

Kooplieden trokken vroeger met paard en wagen van de ene stad naar de andere. Ook toen al was het soms erg druk op de wegen. Niet vanwege de vele auto's, vrachtwagens, bussen en fietsen, maar vanwege ruiters te paard en karren die door paarden, ossen of zelfs honden werden getrokken. Door die drukte konden paarden hevig schrikken. Daarom kregen ze oogkleppen op. Ze konden dan alleen nog maar voor zich uit kijken. Alles wat zich links en rechts van hen afspeelde, zagen ze niet.
Als jij je ogen sluit voor zaken die in jouw omgeving gebeuren, heb je dus eigenlijk ook oogkleppen voor.

Iemand afschepen

Iemand wegzenden zonder hem verder te helpen

Wanneer vroeger een koopman bleef zitten met allerlei waren die hij niet meer kon verkopen, dan scheepte hij ze af. Dat wil zeggen dat hij ze in een schip laadde om te proberen ze in overzeese gebieden tegen andere goederen te ruilen.

Ergens de spons over halen

Er niet meer over praten, het vergeven en vergeten

Vroeger hadden veel winkeliers en herbergiers een lei waarop ze met een griffel of met klei de schulden van hun klanten noteerden. Als iemand dan op een dag zijn schulden kwam betalen, dan pakte de winkelier of de herbergier een natte spons en veegde alle aantekeningen weg. Er was dan geen schuld meer.

Ook de uitdrukking 'met een schone lei beginnen' gaat terug op deze gewoonte. Wie zijn schulden had betaald, had weer een schone lei om mee te beginnen. Alles was dan vergeven en vergeten.

Schoenmaker, blijf bij je leest

Bemoei je met je eigen zaken en oordeel niet over dingen waar je geen verstand van hebt

Deze uitdrukking is al heel oud. Ze ontstond meer dan tweeduizend jaar geleden, op de dag dat de Griekse schilder Apelles zijn schilderijen tentoonstelde aan het gewone volk. Zelf had Apelles zich achter een van zijn doeken verstopt. Hij wilde immers graag te weten komen wat de mensen zoal over zijn kunstwerken dachten.

Op een van de schilderijen was een beeld te zien. Een schoenmaker die toevallig langskwam, zag het beeld en zei dat er iets niet deugde aan de schoenen. Apelles hoorde dit en vond de opmerking terecht. Hij haalde het doek weg, verbeterde de fout en zette de volgende dag het doek terug.

Opnieuw kwam de schoenmaker langs, en deze keer had hij iets aan te merken op de voeten. Maar toen werd Apelles boos. Hij kwam uit zijn hoek en zei: 'Schoenmaker, blijf bij je leest.'

De leest is de vorm die schoenmakers gebruiken om schoenen te maken. Apelles maakte de schoenmaker dus duidelijk dat die maar beter terug kon gaan naar zijn werk en moest zwijgen over zaken waar hij niets van afwist.

Landbouw en veeteelt

Dat valt in goede aarde
Dat wordt goed opgenomen

Uit elk zaadje kan een nieuwe plant groeien. Maar dan moet het zaad wel terechtkomen in goede aarde. Dat wil zeggen dat de aarde genoeg voedingsstoffen en water moet bevatten om het zaad te laten kiemen.
Ook woorden en raadgevingen kunnen in goede aarde vallen. Dat wil dan zeggen dat ze goed worden opgenomen en worden aanvaard.

Een naald in een hooiberg zoeken
Iets zoeken waarvan je eigenlijk van tevoren al weet dat het onvindbaar is

In de vroege zomermaanden, als het gras hoog staat, wordt het door de boeren gemaaid. Het gras blijft dan enkele dagen op de velden liggen om te drogen. Dat gedroogde gras, dat hooi wordt genoemd, moet in de winter dienen om het vee te voeren.
Tegenwoordig wordt het hooi op het veld door machines samengeperst tot grote blokken. Die worden dan in hooischuren opgeslagen. Maar vroeger werd het hooi vaak opgestapeld tot een berg, waarboven dan een dak werd aangebracht.
Het spreekt vanzelf dat het onbegonnen werk is te proberen in zo'n hooiberg een naald terug te vinden!

Een graantje meepikken
Mee profiteren van iets dat anderen krijgen

Als je in de kippenren graan uitstrooit, komen er vaak niet alleen kippen naar je toegelopen. Ook mussen willen wel een graantje meepikken. Deze kleine vogels zien het vlug als er ergens voedsel te vinden is, en ze laten zich noch door jou, noch door een kip afschrikken.

Iemand in het gareel spannen
Iemand hard aan het werk zetten

Het gareel is de leren gordel die men bij trekdieren om de hals slaat. De dieren zijn dan gereed om een ploeg of een kar te trekken. Vroeger werden als trekdieren vooral ossen en paarden gebruikt. Allebei moesten ze hard werken. Er bestaan verscheidene uitdrukkingen die wijzen op deze zware arbeid. Zo kun je bijvoorbeeld 'in het gareel lopen', waarmee wordt bedoeld dat je altijd maar dezelfde zware en eentonige arbeid blijft verrichten. Of je kunt 'in iemands gareel lopen', wat betekent dat je de ander slaafs gehoorzaamt. Je bent dan als het ware het trekdier voor die persoon.

Ergens over uitweiden
Iets in het lang en het breed vertellen

Wie op school een dictee krijgt, weet dat hij moet opletten als de leraar het woord 'uitweiden' dicteert. Schrijf je dat woord met 'ei' of met 'ij', vragen velen zich dan af. Maar voor wie de oorsprong van dat woord kent, vormt de schrijfwijze helemaal geen probleem. Uitweiden heeft immers niets te maken met wijd, maar wel met weide. Als een boer zegt dat zijn koeien uitweiden, dan bedoelt hij dat ze buiten de weide grazen. Ze hebben daar de vrijheid en kunnen alle kanten uit. Ze kunnen er als het ware 'in het lang en het breed' grazen.

Wie zaait, zal oogsten

Alleen als je ervoor werkt, zul je iets krijgen

Elke boer weet dat hij in de lente moet zaaien als hij later in het jaar graangewassen en groenten wil oogsten. Doet hij dat niet, dan zal hij op zijn akkers alleen onkruid vinden.

Er is geen koren zonder kaf

Er is niets zonder nadelen of gebreken

Graankorrels worden beschermd door een omhulsel van kleine, droge blaadjes. Dat noemt men het kaf.
Dat kaf wordt beschouwd als afval en wordt verwijderd voordat het graan gemalen wordt.
Er bestaan nog meer uitdrukkingen met koren en kaf. Zegt iemand dat er veel kaf onder het koren is, dan bedoelt hij dat er tussen al het goede veel zit dat nutteloos is. Wie het kaf van het koren scheidt, is bezig het goede van het kwade te scheiden.

Het hek is van de dam

Het is niet meer tegen te houden, er is geen belemmering meer

Soms zijn de weilanden omringd door sloten. Maar er is altijd een stuk grond dat deze weilanden met elkaar verbindt. Dat is de dam. Op die dam staat een hek dat het vee moet beletten van het ene weiland naar het andere te gaan. Als het hek er niet meer is, kunnen de dieren uit het weiland komen en doen wat ze willen. Ze zijn dan niet meer tegen te houden.

Iemand de vrije teugel laten

Iemand zijn eigen gang laten gaan

Slechts weinig mensen kunnen een ongezadeld paard berijden. Meestal wordt een rijpaard volledig opgetuigd. Bij dat tuig hoort ook de teugel. Dat is een riem waarmee men het paard bestuurt. Door rukjes aan de teugel te geven, kan men het paard snelheid of richting geven.
Wanneer men het paard vrij wil laten lopen, kan men de teugel heel losjes vasthouden. Het kan dan zijn eigen gang gaan.
Er zijn nog meer uitdrukkingen waarin sprake is van teugels. Zo kun je bijvoorbeeld 'de teugels in handen hebben', wat betekent dat je de leiding hebt. Of je kunt 'de teugels vieren', waarmee bedoeld wordt dat je het wat gemakkelijker neemt.

Scheepvaart

Iemand van bakboord naar stuurboord zenden
Iemand nodeloos van hier naar daar zenden

Deze uitdrukking hebben we overgenomen van de zeelieden. De linkerkant van het schip is bakboord, de rechterkant stuurboord.
Ben je een echte landrot, dan kun je het ook anders zeggen. Bijvoorbeeld: 'Van het kastje naar de muur' of 'Van puntje naar paaltje'.

Iets als ballast overboord gooien
Aan iets geen waarde meer hechten en het wegdoen

Als een schip niet geladen is, drijft het hoog op het water. Het kan dan gemakkelijk kantelen. Daarom neemt een schip, indien nodig, ballast mee. Dat is een lading die zo goed als geen waarde heeft, zoals zand of stenen. Met die ballast, die onder in het schip wordt gelegd, is het schip zwaarder en ligt het dieper in het water. Is de ballast niet meer nodig, dan kan men die gewoon overboord gooien.

Er zijn kapers op de kust
Er zijn mensen die je bespieden of die hetzelfde willen als jij

In de vorige eeuwen werden de zeeën vaak onveilig gemaakt door kapers of zeerovers. Ze hadden maar één doel: zo veel mogelijk schepen leegroven. Alles wat ze buitmaakten, verdeelden ze onder elkaar.

Kapers waren ook een soort van zeerovers, maar zij hadden een kapersbrief. Dat was een brief van de overheid waarin stond dat zij de toestemming hadden om de kaapvaart uit te oefenen. Landen die oorlog voerden, probeerden soms door de kaapvaart hun vloot uit te breiden. De kapers moesten immers hun buit delen met de overheid, en vaak bestond die buit uit schepen van vijandelijke staten.

Een oogje in het zeil houden

Opletten of alles gebeurt zoals het hoort

De man die op een zeilschip aan het roer staat, moet geregeld een blik werpen op de zeilen. Hij moet zien of ze nog gunstig hangen ten opzichte van de wind. Doet hij dat niet, dan kan het schip in moeilijkheden komen als de wind plotseling omslaat.

De schepen achter zich verbranden

Zichzelf de kans om terug te keren ontnemen

De geschiedenis kent heel wat veroveraars. Tal van volkeren stuurden stoere mannen uit om in hun naam nieuwe gebieden te veroveren. Vaak vertrokken die veroveraars met schepen die bemand werden door onwillige slaven of door matrozen die wel veel goud wilden verdienen, maar die ook zo vlug mogelijk naar huis wilden terugkeren. Daarom gebeurde het vaak dat de kapitein, nadat iedereen in het nieuwe gebied aan land was gegaan, de schepen achter zich verbrandde. Zo moesten de slaven of matrozen het nieuwe gebied wel bewoonbaar maken.
En de kapitein dan? Ach, die zorgde er wel voor dat hij nog één schip overhield. Want hij moest natuurlijk in zijn thuisland gaan melden dat het land weer een stukje groter was geworden!

Alle hens aan dek

Iedereen moet meewerken

'Alle hens aan dek!' roept de kapitein wanneer alle matrozen op het dek moeten komen om daar samen aan de slag te gaan.
'Hens' is in deze uitdrukking geen gek meervoud van 'hen'. Het is een vernederlandsing van het Engelse woord 'hands', en dat betekent handen. Of mensen die een handje kunnen toesteken.

Als het schip lek is, gaan de ratten van boord

Als het verkeerd loopt, laten valse vrienden je in de steek

Ratten zijn al eeuwenlang ongewenste dieren. Het zijn knaagdieren die met hun scherpe tanden veel schade kunnen aanrichten. Omdat ze op de smerigste plaatsen komen, zoals vuilstortplaatsen en riolen, dragen ze veel ziektekiemen met zich mee. Daarmee kunnen ze al knagend onze voedselvoorraden besmetten.
Vroeger reisden in de ruimen van schepen bijna altijd ratten mee. Ze waren niet van het schip te krijgen, behalve als dit zonk. Dan sprongen de ratten van boord!

Schoon schip maken

Alles opruimen en opnieuw beginnen

Vroeger voeren er grote zeilschepen op zee. Maar natuurlijk konden die alleen maar varen als er voldoende wind was. Bij windstil weer lag het schip stil. Dat was voor de kapitein het moment om 'schoon schip' te laten maken: alle matrozen werden aan het werk gezet om het schip grondig te reinigen en op te schilderen. Op die manier werd niet alleen het schip goed onderhouden, maar vermeed de kapitein ook dat zijn bemanning zich verveelde en ruzie zou gaan maken!

Iemand op sleeptouw nemen

Iemand helpen bij iets dat hij niet alleen kan

Grote schepen worden vaak door kleine sleepboten op sleeptouw genomen. Dat wil zeggen dat het grote schip door enkele kleine maar zeer krachtige sleepboten wordt voortgetrokken of voortgeduwd. Dat is nodig wanneer het grote schip niet meer op eigen kracht kan varen. Bijvoorbeeld bij motorpech. Ook in drukke havens maken grote schepen soms gebruik van sleepboten om veilig te meren.

Het loopt de spuigaten uit

Het wordt te erg

In het dek van een schip bevinden zich aan beide kanten spui- of spijgaten. Dat zijn gaten waardoor water kan wegstromen. Bijvoorbeeld als het dek wordt schoongemaakt. Of als het stormt. Want reken maar dat er bij stormweer heel wat zeewater op het dek terechtkomt. Hoe harder het water dan uit de spuigaten loopt, hoe erger het noodweer is!

Te hard van stapel lopen

Iets te snel doen, met de kans dat het mislukt

Een schip wordt niet in het water gebouwd, maar op een scheepswerf. Op die scheepswerf, die zich meestal in de buurt van een haven bevindt, rust het schip in aanbouw op een stelling of stapel.

Zodra het schip klaar is, wordt het te water gelaten. Het loopt dan van stapel. Dat wil zeggen dat het langzaam over een helling naar het vaarwater wordt getrokken.
Loopt het schip te hard van stapel, dan gaat het mis. Het kan dan kapseizen of ergens tegenop botsen.

Van koers veranderen

Op een andere manier met iets verdergaan

De richting waarin een schip vaart, noemt men de koers. Als een schip dus van koers verandert, dan vaart het een andere richting uit.
Om de koers te bepalen, keken de eerste zeevaarders naar de stand van de zon en de sterren. Later werden hiervoor instrumenten uitgevonden, zoals het kompas, waarvan de metalen naald naar het noorden wijst.
Er bestaan nog meer uitdrukkingen met ‘koers’. Denk maar aan ‘van de koers zijn’ of ‘de koers kwijt zijn’, wat betekent dat men niet meer weet welke richting men uit moet.

Poolshoogte nemen

Een onderzoek doen naar iets.

Toen er nog geen satellieten waren, berekenden zeelieden die zich in het noordelijk halfrond bevonden, hun positie aan de hand van de poolster. Ze moesten daarvoor de hoogte van de poolster kennen. Als ze wisten hoe hoog die boven de horizon stond, konden ze hieruit afleiden op welke breedtegraad ze zich bevonden.
Als jij ergens poolshoogte neemt, hoef je niet naar de poolster te kijken. Je moet alleen maar heel goed uit je ogen kijken, goed luisteren, veel vragen stellen...

Iemand de wind uit de zeilen nemen

Iemand machteloos maken.

Oorlogen worden niet alleen op het land uitgevochten. Heel wat landen hebben oorlogsschepen die zijn uitgerust met geschut. Vroeger hadden die oorlogsschepen zeilen. Ze waren dus afhankelijk van de wind om vooruit te komen. Daarom ging een schip soms tussen de wind en het vijandelijke schip liggen. Op die manier nam het de wind uit de zeilen van dat schip, zodat dit hulpeloos werd.

Oorlog en wapens

De boog kan niet altijd gespannen zijn

Hard werken is goed, maar je mag het eens rustiger aan doen.

Als je een pijl wilt afschieten, moet je je boog spannen. Als de boog lang gespannen is, vermindert de spankracht. Dat kun je vergelijken met het elastiek in je pyjamabroek. Na een tijd verdwijnt de spankracht.

Vechten tegen de bierkaai

Een hopeloze strijd voeren

Deze uitdrukking is ontstaan in Amsterdam. Daar waren de bewoners van de Bierkade lang geleden berucht om hun vechtlust. Brave burgers liepen liever een straatje om dan over de Bierkade te lopen. Wie het toch tegen de bewoners van de Bierkade wilde opnemen, had maar weinig kans het gevecht te winnen. Hij voerde een hopeloze strijd.

Een pyrrhusoverwinning behalen

Een overwinning behalen waarbij de overwinnaar zo is verzwakt, dat hij eigenlijk niet meer tegen de verliezer is opgewassen

Pyrrhus II was van 295 tot 272 voor Christus koning van Epeiros, een

gebied dat in het noordwesten van Griekenland lag. Maar Pyrrhus vond zijn koninkrijk blijkbaar nog te klein. Op een goede dag vatte hij het plan op Sicilië, Italië en Afrika te gaan veroveren. Dat was weliswaar een groots plan, maar Pyrrhus was dan ook een heel bekwaam veldheer. Samen met zijn tot de tanden gewapende troepen en een legertje angstaanjagende olifanten ontscheepte de koning van Epeiros in Italië. Na een bloedig gevecht, waarbij de olifanten de Romeinen de schrik op het lijf joegen, behaalde Pyrrhus de overwinning. Maar de verliezen in zijn eigen gelederen waren erg groot.
Zoals hij toen zelf zei: 'Nog één zo'n overwinning en het zal mijn ondergang zijn!'

Hij is een held op sokken

Hij is niet moedig

Lang geleden was een held iemand die zich in de oorlog dapper had gedragen. Een krijgsheld dus. Zo'n krijgsheld droeg natuurlijk altijd stevige laarzen. Hij liep beslist niet op sokken. Als je dus van iemand hoort zeggen dat hij een held op sokken is, dan weet je dat hij zeker geen echte held is!

De strijdbijl begraven

Vrede sluiten

De indianen hadden vroeger de gewoonte hun tomahawk of strijdbijl in de grond te begraven. Daarmee wilden ze laten zien dat ze vrede willen sluiten.
Tegenwoordig wordt er wel niet meer met strijdbijlen gevochten, maar ook andere wapens kun je begraven!

Het is maar een boogscheut ver

Het is niet ver

Vroeger kenden de mensen nog geen vaste maten. Om iets te meten, gebruikten ze hun handen en voeten. Had je bijvoorbeeld een plank nodig van 3 m lang en 2,5 cm dik, dan ging je naar de timmerman en vroeg om een plank van 9 voet lang en 1 duim dik.
Stelde je iemand de vraag hoe ver de timmerman woont, dan kreeg je als antwoord: 'Het is maar een boogscheut ver.' En dan bedoelde men dat het niet verder was dan de afstand die een pijl uit een boog kan afleggen.

Iemand in het harnas jagen

Iemand boos maken

Tegenwoordig wordt er gevochten met wapens die over een grote afstand kunnen doden. Maar ten tijde van de ridders werd er vooral lijf aan lijf gevochten, met speren en zwaarden. Om hun lichaam tegen die wapens te beschermen, droegen de strijders een ijzeren harnas.
Jaag je iemand in het harnas, dan wil dat zeggen dat je hem zo kwaad maakt, dat hij zijn harnas aantrekt om te gaan vechten.

Iets in het schild voeren

Iets van plan zijn

In de Middeleeuwen trokken ridders vaak ten strijde. Op hun schild voerden zij hun wapen. Dat wil zeggen dat op hun schild het wapen of kenteken van hun geslacht was geschilderd. Zo wisten de anderen die ze tegenkwamen, of ze met een vriend of een vijand te maken hadden.

Iemand met goede bedoelingen of iemand die van plan was dood en verderf te zaaien.

De plaat poetsen
Er vandoor gaan

Deze uitdrukking ontstond tijdens de Tachtigjarige Oorlog. Dat was een godsdienst- en vrijheidsoorlog (1568-1648). De soldaten hadden in die tijd geweren met aan de kolf een metalen plaat. Zo'n geweer woog veel. Niemand droeg het graag over zijn schouders. Daarom lieten vluchtende soldaten hun geweer gewoon over de grond achter zich aan slepen. Het zand schuurde voortdurend langs de kolfplaat, zodat die schoon werd gepoetst. Dus als soldaten vluchtten, poetsten ze de plaat!

Met open vizier strijden
Openlijk en eerlijk strijden

Bij een harnas hoorde een helm met een vizier: een soort schuif vóór op de helm. Die kon worden neergeslagen om het gezicht te beschermen. Of om onherkenbaar te zijn. Wie met open vizier streed, liet de ander zijn gezicht zien. Hij kwam zijn vijand openlijk tegemoet.

Iemand de volle laag geven
Iemand met verwijten overstelpen

Met de 'laag' bedoelde men vroeger de rij kanonnen op het dek van een oorlogsschip. Een schip dat de volle laag kreeg, werd dus met al die kanonnen tegelijk beschoten.

De vredespijp roken

Vrede sluiten

Net zoals de uitdrukking 'de strijdbijl begraven' hebben we ook deze uitdrukking ontleend aan de indianen. Als twee vijandige stammen besloten vrede te sluiten, kwamen de opperhoofden samen om de vredespijp te roken.

Het Trojaanse paard binnenhalen

Iets krijgen of binnenhalen waarvan later blijkt dat het iets nadeligs is

Volgens de oude Grieken werd de stad Troje ingenomen met behulp van een houten paard.
De Grieken hadden Troje al negen jaar belegerd, maar ze slaagden er niet in de stad te veroveren. Tot iemand een list bedacht. Ze maakten een groot houten paard dat vanbinnen hol was. Dat paard lieten ze achter aan de poort van de stad. Voor de Trojanen zag dat grote houten paard er heel onschuldig uit, maar wat ze niet wisten, was dat zich in de buik van dat paard soldaten hadden verborgen. Ze dachten dat het een of ander Grieks heiligdom was en trokken het onder luid gejuich de stad in.
Maar midden in de nacht, in alle stilte, kwamen de soldaten uit het paard tevoorschijn. Zij openden de stadspoort en lieten de andere soldaten binnen, die toen een afgrijselijk bloedbad aanrichtten. Zo was een houten paard, waarvan men dacht dat het een heiligdom was, er de oorzaak van dat Troje ten val werd gebracht.

Misdaad en straf

Voor galg en rad opgroeien

Zich tijdens zijn jeugd zo slecht gedragen dat de kans bestaat dat men als misdadiger eindigt en in de gevangenis belandt

Van jongeren die zich voortdurend slecht gedragen, wordt wel eens gezegd dat ze voor galg en rad opgroeien. Waarmee men bedoelt dat het slecht met ze zal aflopen. En slecht was vroeger: de galg of het rad.
De galg was een toestel om misdadigers op te knopen. Ze kregen een touw om hun nek en werden daaraan opgehangen. Het rad was een werktuig om misdadigers te radbraken. Hun lichaam werd op een rad vastgemaakt, waarna armen en benen werden gebroken.

Tegen windmolens vechten

Tegen een denkbeeldige vijand vechten

In 1605 schreef de Spaanse schrijver Cervantes een boek dat heel beroemd zou worden. Het vertelt de belevenissen van 'Don Quichot', een man die veel ridderromans leest en in de voetsporen van zijn helden wil treden. Hij trekt een versleten harnas met een verroeste helm aan, springt op zijn oude paard en gaat op avontuur.
Op zijn tocht ziet Don Quichot een windmolen. Hij is ervan overtuigd dat het een reus is, die de mensen kwaad wil doen. Dus wat doet hij? Hij trekt zijn degen en begint verwoed op de draaiende molenwieken in te slaan. Maar zonder succes. Don Quichot wordt door een van de wieken neergeveld...

Een blok aan het been hebben

Niet vrij zijn in zijn bewegingen

Om te beletten dat misdadigers opnieuw hun slag slaan, worden ze achter tralies gezet. Dat gebeurde vroeger ook al. Maar soms was men zo bang dat de misdadigers toch nog zouden ontsnappen, dat men hun benen in een blok vastzette. Of men maakte een zwaar gewicht met een ketting aan hun been vast. Zo hadden de boeven helemaal geen bewegingsvrijheid meer.
Als er iets is dat je hindert, kun je dus zeggen dat je een blok aan het been hebt.

De genadeslag geven

Een dier door een laatste slag uit zijn lijden verlossen

Meestal wordt deze uitdrukking gebruikt voor dieren. Als een paard zwaar gewond is geraakt, kan men het de genadeslag geven: men doodt dan het paard zodat het uit zijn lijden is verlost. In de Middeleeuwen werd de genadeslag ook gegeven aan veroordeelden die een heel pijnlijke straf moesten ondergaan.
Als de beul vond dat de marteling lang genoeg geduurd had, gaf hij de genadeslag om zo een eind te maken aan het lijden van de veroordeelde.

Wie niet horen wil, moet voelen

Wie niet wil luisteren, moet de gevolgen maar dragen

Vroeger riskeerden ongehoorzame kinderen veel meer klappen dan nu. Zelfs op school werden lijfstraffen gegeven.

Vaak liep de meester rond met een liniaal in de hand, en wee de leerling die niet oplette. Als de meester het zag, gaf hij hem met zijn liniaal een stevige tik op de vingers. Want wie niet horen wil, moet voelen, was zijn motto.

Het loopt met een sisser af

Het heeft geen ernstige gevolgen

Misdadigers werden vroeger soms gebrandmerkt. Daarvoor werd een ijzer gebruikt waarin het wapen van de stad was afgebeeld. Het ijzer werd in het vuur gloeiend heet gemaakt en dan tegen de huid van de veroordeelde gehouden. Het ijzer brandde zo het teken van de stad in zijn huid.
Zo'n brandmerk was nooit meer weg te krijgen. Hun hele leven lang droegen de veroordeelden het met zich mee, zodat iedereen wist dat ze een grote misdaad hadden begaan.
Veroordeelden die minder zware misdaden hadden gepleegd, werden alleen maar geschroeid met een ijzer zonder stadswapen. Dat siste maar heel even zonder echt in te branden, zodat men zei dat het voor hen met een sisser afliep!

Iemand aan de kaak stellen

Iemands schande openlijk bekendmaken

Kaak is een ander woord voor schandpaal. Dat was vroeger een grote paal of zuil waaraan misdadigers werden vastgemaakt. Hun handen werden in boeien geslagen en om hun hals zat een ijzeren halsband. Zo moesten ze enige tijd blijven staan, zodat iedereen kon zien dat ze zich schandelijk hadden gedragen.

Reken maar dat diegene die aan de schandpaal stond, het hard te verduren kreeg. Iedereen dreef de spot met hem en bekogelde hem met modder en afval.

Door de mand vallen

Iets een hele tijd ontkennen en uiteindelijk toch moeten bekennen, zodat het bedrog uitkomt

Niemand weet precies hoe deze uitdrukking ontstaan is. Mogelijk verwijst de mand naar een bepaalde straf die lang geleden werd toegepast. De veroordeelde moest in een mand gaan zitten die boven het water hing. Alleen een mes mocht hij bij zich houden.
Als de mand eenmaal boven het water hing te schommelen, begonnen de mensen er vuil in te gooien. Alles wat ze maar konden vinden. Tot de veroordeelde het niet meer uithield en met zijn mes het touw doorsneed waaraan de mand hing. Daarna moest hij terug op het droge proberen te komen, maar ook dat was een beproeving: de menigte wierp hem telkens terug in het water.

Iemand vogelvrij verklaren

Iemand buiten bescherming van de wet stellen of zijn rechten ontnemen

In de Middeleeuwen was de vogelvrijverklaring een van de strengste straffen. Een veroordeelde die vogelvrij was verklaard, had geen rechten meer.
Eigenlijk was hij niet veel meer dan een dode. Zijn rijkdommen werden onder de erfgenamen verdeeld en hij mocht niets doen om opnieuw rijkdom te verwerven. Als hij getrouwd was, werd zijn huwelijk ont-

bonden. Zijn vrouw werd dan als een weduwe beschouwd en zijn kinderen als halve wezen.
De wet nam een vogelvrijverklaarde ook niet meer in bescherming. Iedereen mocht de vogelvrije straffeloos doden. En vaak werd de moordenaar daar nog voor beloond ook.
Eigenlijk bleef er voor de vogelvrije slechts één mogelijkheid over, en dat was vluchten naar een gebied waar een andere rechtspraak was.

Leven en dood

Door het oog van een naald kruipen

Nauwelijks aan een gevaar ontsnappen

Deze uitdrukking herinnert aan een verhaal uit de bijbel. Op een bepaald ogenblik zei Jezus dat het voor een rijke nog moeilijker is om in de hemel te komen dan voor een kameel om door het oog van een naald te kruipen.

Waarschijnlijk bedoelde Jezus daar geen gewone naald mee zoals wij die nu kennen, maar de zeer lange naald die de kameeldrijvers altijd gebruikten om hun tuig te herstellen. In die naald zat inderdaad een groot oog, maar zeker niet zo groot dat een kameel door dat gat zou kunnen kruipen!

Iemands levensdraad afsnijden

Een einde maken aan iemands leven

De oude Grieken geloofden dat hun leven bepaald werd door drie 'godinnen van het lot'. Deze drie schikgodinnen, de Moira, waren Clotho, Lachesis en Atropus.

Clotho was de spinster die de levensdraad spon. Zij besliste over de geboorte van de mens.

Lachesis rolde de levensdraad op en zorgde dus voor het verloop van het leven.

Atropus ten slotte sneed aan het einde van het leven de levensdraad door.

Een mijlpaal in het leven

Een belangrijke gebeurtenis in het leven

Tegenwoordig vind je langs de grote wegen kilometerpalen. Dat zijn palen die telkens een kilometer van elkaar zijn geplaatst en die de afstand van de ene plaats naar een andere aangeven. Ook vroeger waren er zulke palen, maar ze gaven mijlen aan. Het waren dus 'mijlpalen'.
Een mijl was niet overal en in alle tijden even lang. Bij de Romeinen was één mijl gelijk aan 1000 passen (1481 m). In Engeland is een mijl 1609,3 m lang, in Frankrijk zelfs 4452 m!

Fabels en sprookjes

Uit zijn as herrijzen

Weer opgebouwd worden nadat het verwoest was

Tijdens de oorlog werden heel wat steden verwoest. Maar in de jaren na de oorlog werden ze weer opgebouwd. Ze herrezen toen uit hun as, net zoals de wondervogel Feniks.
De vogel Feniks leek op een arend, maar zijn veren waren goudkleurig met hier en daar wat rood. Om de vijfhonderd jaar kwam hij vanuit Arabië naar Egypte gevlogen, waar hij een nest bouwde met geurige kruiden. Maar in Egypte was de zon zo schroeiend heet, dat het nest telkens in brand vloog. Elke keer bleef van de vogel niets anders meer over dan as, maar elke keer herrees hij uit die as als een jonge vogel, klaar voor een nieuw leven.

Een augiasstal reinigen

Orde brengen in een grote chaos

Augias, de legendarische koning van Elis, had drieduizend runderen. Die huisden in stallen die al in dertig jaar niet meer waren uitgemest. Het stonk er vreselijk. Hercules, die op bevel van koning Eurystheus twaalf moeilijke werken moest verrichten, kreeg de taak de stallen uit te mesten. In ruil zou hij van koning Augias een tiende van de kudde

krijgen. Hercules was slim. Hij ging niet aan het werk met emmers en bezems. Hij leidde gewoon een rivier door de stallen. In één dag werd alle mest weggespoeld. Maar koning Augias weigerde de beloning te geven. Toen doodde Hercules de vorst.
Als je nooit opruimt in je kamer, dan ziet die er na een tijd uit als een augiasstal en zul je net als Hercules grove middelen moeten gebruiken om die nog schoon te krijgen!

Hij is de draad kwijt

Hij weet niet meer waar hij gebleven is

De oorsprong van deze uitdrukking moet je zoeken bij de oude Grieken.
Een jonge Griekse held, Theseus, wilde de Minotaurus doden, een monster dat in een labyrint leefde en dat zich voedde met kinderen. Om niet in het labyrint te verdwalen, kreeg hij van Ariadne een draad die hij aan de ingang van het labyrint kon vastmaken. Als hij die draad afrolde, kon hij na het doden van het monster gemakkelijk de weg naar buiten terugvinden.
Als Theseus de draad was kwijtgeraakt, had hij voor eeuwig in het labyrint moeten blijven. Maar gelukkig was dat niet het geval. Theseus doodde het monster en kon dankzij de draad van Ariadne uit het labyrint ontkomen.

Zich opblazen als een kikker

Groot willen doen

Kikkers die indruk willen maken op elkaar, blazen zich een beetje op. Daarover bestaat ook een oud verhaal dat ouders vroeger vaak aan hun kinderen vertelden als zij een keer groot wilden doen. In dat verhaal wilde een kikker net zo groot zijn als een koe. Maar hoogmoed komt voor de val, want lang voor het zover was, plofte de kikker natuurlijk uit elkaar!

Ik kan niet heksen!

Ik kan niet toveren, ik kan geen wonderen verrichten

Van een heks dacht men vroeger dat ze alles kon. Als ze je goedgezind was, kon ze je genezen. Stond je bij haar niet in een goed blaadje, dan kon ze je veranderen in een varken of een ander dier. De mensen waren ervan overtuigd dat heksen een verbond met de duivel hadden gesloten en dat ze daardoor konden toveren.
Natuurlijk bestonden heksen niet echt. De vrouwen die ervan werden beschuldigd een heks te zijn, waren meestal vrouwen die iets konden wat anderen niet konden. Zoals genezende zalfjes en drankjes maken van allerlei planten. Als zo'n zalfje of drankje dan niet hielp, was de kans groot dat de vrouw als heks werd aangeklaagd en op de brandstapel terechtkwam.

Een homerisch gelach

Een langdurige schaterlach

Homerus was een Griekse dichter uit de 8ste eeuw voor Christus. In zijn beroemde boek, de 'Ilias', schreef hij over een maaltijd waarbij de goden onbedaarlijk moesten lachen.
De goden amuseerden zich kostelijk tijdens hun etentje, maar opeens dreigde de maaltijd verstoord te worden door een ruzie tussen de godin Hera en haar echtgenoot Zeus. De kreupele god Hefaistos wilde een

einde maken aan de ruzie en gaf Hera wat nectar te drinken. 'Dat zal haar stemming wel verbeteren', dacht hij. En jawel hoor, Hera werd heel vrolijk.
Hefaistos besloot toen ook de andere goden van de nectar te laten drinken. Puffend en strompelend liep hij af en aan met de bekers. De goden, die gretig hun bekers met nectar lieten bijvullen, vonden de kreupele Hefaistos zo grappig, dat ze begonnen te schaterlachen en niet meer konden ophouden...

De kat de bel aanbinden

Aan een gevaarlijke onderneming beginnen

Deze uitdrukking hebben we te danken aan de Franse dichter Jean de La Fontaine (1621-1695). Hij schreef heel veel fabels. Dat zijn verhalen waarin dieren de hoofdrol spelen. Een van die fabels gaat over de kater Rodilard.
Rodilard was de schrik van de ratten. Als Rodilard ergens rondzwierf, durfde geen enkele rat nog uit zijn hol te komen om eten te zoeken. Met als gevolg dat alle ratten uit het land mager werden.
Op een dag was de kater niet in de buurt. De ratten profiteerden hiervan om een vergadering te houden. Op de agenda stond maar één punt: het probleem Rodilard.
De oudste rat deed het voorstel de kater Rodilard een bel om de hals te binden. Zo zouden ze het tijdig horen als de kat weer eens op rattenjacht ging. De andere ratten vonden dit een prima idee. Tot iemand vroeg: 'Maar wie bindt die halsbel om?' Waarop iedereen riep: 'Ik niet, ik ben niet zo dom.'
En zo eindigde de vergadering ook, want niemand durfde de kat de bel aanbinden. Niemand durfde aan zo'n gevaarlijke onderneming beginnen!

De kip met de gouden eieren slachten

Door te gulzig te zijn, alles verliezen

Dit spreekwoord komt uit een heel oude fabel.
Een boer had een kip die elke dag een gouden ei legde. Elke dag werd de boer rijker. Maar hij vond dat het niet vlug genoeg ging. Omdat de boer dacht dat de buik van de kip vol gouden eieren zat, besloot hij de kip te slachten. Zo zou hij veel vlugger rijk zijn, dacht hij. Maar dat was een tegenvaller, want in de buik van de geslachte kip vond de boer slechts één ei. En omdat de kip dood was, kon ze ook geen gouden eieren meer leggen. Zo was de boer door zijn gulzigheid alles kwijt.

Iemand het licht in de ogen niet gunnen

Iemand helemaal niets gunnen

Waarschijnlijk vindt deze uitdrukking haar oorsprong in een oude fabel.
Een man mocht van de Romeinse god Jupiter alles vragen wat hij wilde, maar... een ander zou het dubbele daarvan krijgen. De man dacht na en zei toen: 'Ik wil dat er één oog van me wordt uitgestoken.'
Dat is wel een heel eigenaardige wens, maar de man had slechts één ding voor ogen: hij wilde dat de ander zijn beide ogen kwijtraakte!

Het leeuwendeel van iets krijgen

Het grootste deel krijgen

Deze uitdrukking komt van een oude Griekse fabel, die door de Franse dichter Jean de La Fontaine in dichtvorm werd gezet. In die fabel gaan een koe, een geit en een schaap samen met de leeuw op jacht. In het net

dat door de geit werd gespannen, vangen ze een hert. Dan begint de verdeling van de buit. Omdat ze met z'n vieren zijn, wordt het hert in vier gelijke stukken verdeeld. De leeuw, die de koning der dieren is, neemt het eerste deel. Maar daarmee is hij niet tevreden. 'Ik eis ook het tweede stuk op,' zegt hij, 'dat is mijn recht. En omdat ik de moedigste en de sterkste ben, is ook het derde stuk voor mij.'
Zelfs het vierde stuk wil de leeuw niet aan de anderen overlaten. 'Wie aan dit vierde stuk durft te komen, zal ik verscheuren!' dreigt hij.

Een klap van de molen hebben

Zich gek gedragen

Over deze uitdrukking bestaat een leuk volksverhaal uit Nederland. Het speelde zich af in Kampen, waar de Kampenaren op een dag een molen lieten bouwen, midden op een van de toegangswegen tot de stad. Iedereen die de stad wilde binnengaan, moest rakelings deze molen passeren.
Op zich was dat niet zo'n probleem, maar... de molenwieken draaiden op volle toeren. De mensen moesten dus wel erg goed oppassen, wilden ze geen klap van de molen krijgen.
Wie niet goed had uitgekeken en door de molenwiek was geraakt, was er natuurlijk beroerd aan toe en wist in de eerste ogenblikken niet wat hij deed. Hij gedroeg zich dus gek.

Als bij toverslag

Zeer snel, plotseling

In sprookjes leven feeën die met één slag van hun toverstok de wereld kunnen veranderen. Alles wat je maar kunt wensen, kunnen zij te voorschijn toveren. Als je dus ziet hoe plotseling de zon door grijze wolken breekt, kun je zeggen dat het als bij toverslag gebeurt.

De draak steken met iets

De spot met iets drijven

Deze uitdrukking herinnert aan Sint-Joris, een heilige uit de 3de eeuw. Van hem wordt verteld dat hij met zijn degen de draak doodde die de dochter van de koning wilde verslinden.

In de Middeleeuwen werd Sint-Joris erg vereerd. Er gingen toen vaak processies uit waarbij een man te paard de rol van Sint-Joris speelde. In zijn hand had hij een speer. Daarmee moest hij proberen in een linnen drakenkop te steken. Dat was niet gemakkelijk, want de man die met de drakenkop voor hem uit reed, probeerde de speer handig te ontwijken. 'De draak steken' werd dus een soort spel waarbij de spot werd gedreven met de 'onechte' Sint-Joris.

Hij is een pantoffelheld

Hij is iemand die zelf geen beslissingen kan nemen, die onzelfstandig is

Niemand weet met zekerheid hoe deze uitdrukking ontstaan is, maar er bestaat wel een verhaal over dat al heel oud is. Daarin wordt verteld van de ridder Polyfemus, ook wel 'Polyfemus met het ijzeren voorhoofd' genaamd.

Op een dag organiseerden de paus en de keizer samen een toernooi. Iedereen die eraan deelnam, moest op zijn helm de kleuren van de paus of van de keizer dragen. Maar Polyfemus wilde noch het rode lint van de paus, noch de sjerp met gouden rand van de keizer dragen.

Hij besloot dan maar niet in het strijdperk te treden, maar... kon niet weerstaan aan de smeekbeden van zijn vrouw. Die wilde, ja, eiste zelfs, dat hij toch deelnam. Dus wat deed Polyfemus? Hij nam het met goud geborduurde pantoffeltje van zijn vrouw, maakte het aan zijn helm vast, deed mee aan het toernooi en... won.
Maar aan wie had onze pantoffelheld uiteindelijk zijn overwinning te danken? Aan zijn vrouw, die hem zo ver kreeg dat hij meedeed aan het toernooi!

Allerlei

Baanbrekend werk verrichten

Op wetenschappelijk of maatschappelijk gebied nieuwe wegen openen

Bij deze uitdrukking moet je denken aan een weg die gebaand wordt in een tot dan toe ontoegankelijk berggebied. De arbeiders moeten er rotsen en andere hindernissen wegbreken om een doortocht te vinden. Wie op die manier een weg heeft vrijgemaakt, is dus een baanbreker.
Ook sommige wetenschappers en uitvinders doen baanbrekend werk. Denk maar aan de Amerikaan Alexander Graham Bell. Door zijn experimenten met geluid en elektriciteit vond hij in 1876 de telefoon uit en opende hij de weg voor een geheel nieuwe vorm van communicatie tussen de mensen.

Als een furie tekeergaan

In razende woede tekeergaan

In de Romeinse mythologie waren de Furiën de godinnen van de wraak. Zij waren de kwelgeesten van mensen met een onrustig geweten. Ze achtervolgden misdadigers en konden zelfs het verstand van hun slachtoffer verblinden. Vooral moordenaars werden door de Furiën vreselijk gekweld.
De Furiën werden meestal voorgesteld als afschrikwekkende wezens met een bloedrode muil, een zwart gewaad en haar dat uit slangen bestond. In de ene hand hielden ze een fakkel, in de andere een zweep.

Hij is een gesloten boek

Hij laat zich niet kennen

Boeken waren vroeger een heel kostbaar bezit. Vóór de 15de eeuw, toen de boekdrukkunst in Europa nog niet was uitgevonden, moesten de boeken zelfs allemaal een voor een met de hand worden geschreven en gekopieerd.
Het spreekt vanzelf dat de mensen zo'n kostbaar boek goed wilden beschermen. Daarom werd er vaak een slot op bevestigd. Alleen wie de sleutel had, kon het boek lezen en de inhoud kennen.

Ergens een domper op zetten

De feestvreugde bederven door een onaangenaam bericht

Een kaars kun je uitblazen, maar wat doe je als die kaars zo groot is dat je niet bij de vlam kunt? Dan gebruik je een domper. Dat is een soort kegelvormig, metalen hoedje aan een lange stok. Door dat hoedje over de vlam te houden, dooft het vuur.
Ook een onaangenaam bericht kan als een domper werken. In dat geval wordt geen vuur, maar wel de feestvreugde gedoofd.

Het is een dubbeltje op zijn kant

Het is een onzekere zaak, waarvan je niet weet of ze goed of slecht zal aflopen

Een dubbeltje was vroeger een muntstukje. Als je een muntstuk op zijn kant zet, staat het heel wankel. Het dubbeltje kon gemakkelijk omvallen. Maar niemand weet of het naar links of naar rechts zal vallen. Niemand kent de afloop.

Geld stinkt niet

Het doet er niet toe waar het geld vandaan komt

Dit spreekwoord hebben we te danken aan de Romeinse keizer Vespasianus. Hij regeerde van 69 tot 79 na Christus en stelde alles in het werk om Rome rijk te maken. De mensen moesten zelfs belasting betalen op hun niet erg aangenaam ruikende toiletten!
Titus, de zoon van Vespasianus, vond zo'n toiletbelasting maar niets. Hij protesteerde daartegen dan ook bij zijn vader. Maar toen hield deze hem het geld onder de neus dat de Romeinen voor hun toiletten hadden gestort en vroeg hem: 'Heeft dit geld misschien een bijzondere geur?'
Titus rook aan het geld, maar omdat hij een eerlijk mens was, antwoordde hij: 'Nee, ik ruik niets.'
Waarop zijn vader de beroemd geworden woorden sprak: 'Geld stinkt niet.'

In duigen vallen

Mislukken, instorten

Een houten vat of kuip bestaat uit duigen en hoepels. De duigen zijn de langwerpige, lichtjes gebogen zijplanken. De hoepels zijn de ijzeren banden die de duigen samenhouden. Als die hoepels breken, dan stort het vat in elkaar. Het valt dan 'in duigen'.
Een oud versje vertelt hierover.
Het luidt:
'Jan Huygen in de ton
En een hoepeltje erom
Jan Huygen, Jan Huygen
En de ton die viel in duigen.'

Alle gekheid op een stokje

Nu even niet lachen, maar ernstig zijn

In de middeleeuwse burchten en kastelen kon je vroeger niet alleen ridders en hun dames ontmoeten, maar ook narren. Met hun kleurrijke pak, hun gekke muts en hun 'marot' of gekstok in de hand moesten zij de rijke heren vermaken.
Maar soms maakte de nar het al te bont en werd hij met de woorden 'alle gekheid op een stokje' vermaand om op te houden. Hij mocht dan als het ware geen gekheid meer uit zijn gekstok halen.

Er een punt achter zetten

Iets beëindigen

Letterlijk zet je een punt achter een zin. Zo zien de lezers dat je zin helemaal af is. Maar ook figuurlijk kun je ergens een punt achter zetten. Dat wil dan gewoon zeggen dat je iets afmaakt, dat je een einde maakt aan iets.

De keerzijde van de medaille laten zien

Behalve de voordelen of de mooie kant ook de nadelen of de lelijke kant laten zien

Een medaille heeft twee kanten. De ene kant is heel mooi bewerkt, met een tekening in reliëf. De andere kant is meestal minder mooi en vertoont een inscriptie.
Wie de medaille goed wil bekijken, moet natuurlijk de twee kanten bekijken. De voorzijde en de keerzijde. En dat moet je ook bij andere zaken doen. Want zowat alles heeft voor- en nadelen...

Hij is een klaploper
Hij laat liever de anderen betalen

Tegenwoordig is melaatsheid een ziekte die vooral in de tropen voorkomt, maar eeuwen lang werd ook Europa geteisterd door deze vreselijke ziekte. Omdat de ziekte erg besmettelijk was, moesten melaatsen die langs de huizen liepen om te bedelen, een 'klap' meedragen. Dat was een soort klepper waarmee ze moesten klepperen om de mensen te waarschuwen dat ze in aantocht waren.
Een 'klaploper' was dus eigenlijk een bedelende melaatse, maar tegenwoordig wordt iemand een klaploper genoemd als hij op andermans kosten leeft. Als jij dus in het weekend met je vriendjes iets gaat drinken in de sportclub en altijd de anderen laat betalen, dan ben je een klaploper. Ook al heb je geen klap of klepper bij je.

Olie op het vuur gieten
Door iets te doen of te zeggen, een zaak verergeren

Olie is een brandbare vloeistof. Wie dus olie op het vuur giet, maakt het vuur nog groter, want dan gaat ook de olie branden.

Dat zijn praatjes voor de vaak
Dat zijn praatjes die niets betekenen

Ken je Klaas Vaak? Hij is de man van de slaap, het zandmannetje dat kinderen doet slapen door zand in hun ogen te strooien. Maar soms willen kinderen liever niet gaan slapen. Ze beginnen zomaar wat te praten om de slaap uit hun ogen te houden. Onbeduidende praatjes om Klaas Vaak af te leiden, zodat hij vergeet zijn zand uit te strooien!

De scepter zwaaien

Heersen, de baas zijn

Vorsten hadden vroeger behalve een kroon ook een scepter. Dat was een soort staf zoals die van de herder, maar korter. Zo'n scepter was een echt kunstwerk. Hij was gemaakt van kostbaar metaal of ivoor en sierlijk bewerkt.
Vorsten droegen hun scepter overal met zich mee als een teken van hun hoge waardigheid of grote macht over het volk.

Alle wegen leiden naar Rome

Er zijn veel manieren om je doel te bereiken

Zo'n tweeduizend jaar geleden was Rome de grootste stad van Europa. De Romeinen veroverden steeds nieuwe gebieden en hadden op die manier een groot rijk opgebouwd. Om hun legers snel te kunnen verplaatsen, legden ze grote wegen aan. In het jaar 200 na Christus hadden de Romeinen al meer dan 80.000 km wegen aangelegd. Van alle delen van het rijk kon men zo gemakkelijk naar Rome gaan.
De nieuwe Romeinse heerwegen of heerbanen, die allemaal naar Rome leidden, konden zowel bij droog als bij nat weer worden gebruikt. Ze waren heel stevig. Er zijn nu nog altijd stukken van overgebleven.

Als puntje bij paaltje komt

Als het erop aankomt

Kijk eens goed naar de letter i. Het is net een paaltje met een puntje erop. Als dat puntje bij dat paaltje komt, dan gebeurt het. Dan worden ze samen de letter i!

Register

Register

Register

Oplossing van het raadsel 'De wolf, de geit en de kool' (blz. 60)

De man vaart eerst de geit over (de wolf en de kool blijven achter).
Hij vaart alleen terug.
Hij vaart de kool over (de wolf blijft alleen achter).
Hij neemt de geit mee terug.
Hij vaart de wolf over (de geit blijft alleen achter).
Hij vaart alleen terug (de wolf en de kool zijn aan de overkant).
Hij vaart de geit over (voor de tweede keer).
Iedereen is nu op de andere oever beland, heelhuids en wel!